Descubrir valores jugando

Una alternativa para descubrir
que el valor es un saber
que aprendemos en el ejercicio de la vida

790.1	Gamboa de Vitelleschi, Susana
GAM	Descubrir valores jugando - 9ª ed. - Buenos Aires: Bonum, 2017.
	208 p.; 20X14cm.
	ISBN 978-950-507-601-7
	I. Título - 1. Actividades recreativas - Valores

Primera edición: octubre de 2000
Novena edición: abril de 2017

Diseño de tapa e interior: Laura Barrios
Dibujos de interior: Pablo Fernández
Fotos de tapa: Luis Benavídes

© Editorial Bonum, 2017.
Av. Corrientes 6687 (C1427BPE)
Buenos Aires - Argentina
Tel./Fax: (5411) 4554-1414
ventas@editorialbonum.com.ar
www.editorialbonum.com.ar

Queda hecho el depósito que indica la Ley 11.723
Todos los derechos reservados

No se permite la reproducción parcial o total, el almacenamiento, el alquiler, la transmisión o la transformación de este libro, en cualquier forma o en cualquier medio, sea electrónico o mecánico, mediante fotocopias, digitalización u otros métodos, sin el permiso previo y escrito del editor. Su infracción está penada por las Leyes 11.723 y 25.446.

Impreso en Argentina
Es industria argentina

*¡Gracias! al amigo sabio René Trossero
por dedicarnos un lugar en su corazón.*

*¡Gracias! a Ernesto, María Rocío
y María Belén por ser lo que son en la historia
del jugarse por la vida.*

Amigo lector:

La autora de este escrito me pidió unas palabras introductorias como presentación. Y accedo con gusto a su pedido, por la estima que siento por ella y porque reconozco la utilidad de este libro.

No voy a hablarle a usted sobre el objetivo y el modo de empleo de estas páginas porque la autora lo hace detalladamente. Sí me propongo destacar dos aspectos que me parecen importantes.

La autora se dirige a los educadores, y educar, según mi entender, es promover el crecimiento y la madurez de la persona, meta que se logra en la convivencia. Por tanto podríamos decir que educar es enseñar a convivir. Y el libro que usted tiene entre sus manos hace dos aportes significativos en este terreno.

Primero: invita y ayuda a los educandos a descubrir los valores morales incluidos en actitudes y conductas, que promueven el crecimiento de la persona. No está demás explicitar que todos los valores éticos son exigencia y expresión del valor fundamental: el amor, que es a su vez requisito indispensable para una convivencia armoniosa y constructiva.

En segundo lugar, el método de trabajo propuesto, el juego grupal, es otro aporte para el aprendizaje de la convivencia. El juego exige compartir, dialogar, respetar reglas... etc., todas conductas indispensables para el logro de una convivencia humana madura.

Por todo esto, que expreso en pocas palabras, deseo a los educadores y educandos la experiencia de verse beneficiados y enriquecidos con el aporte de estas páginas, y auguro a la autora la alegría de ver los frutos resultantes de esta siembra.

René Juan Trossero

*No se equivoca
el hombre que ensaya
por distintos caminos
para alcanzar su meta,
se equivoca el que por temor
a equivocarse no camina.*

René Trossero

Este libro lo he pensado para:

- Docentes,
- Profesores con responsabilidad en la Formación ética y Ciudadana,
- Futuros maestros hoy alumnos de nivel terciario,
- Padres,
- Recreadores,
- Comunicadores y futuros comunicadores,
- Catequistas,
- y todos aquellos que quieren formar en la adquisición de actitudes para promover el encuentro solidario.

Una alternativa para descubrir que el valor es un saber que aprendemos en el ejercicio de la vida.

Porque jugando:

- discernimos juntos.
- resolvemos conflictos.
- transformamos reglas.
- aprendemos de lo distinto.
- recreamos gestos vitales.
- promovemos normas humanizadoras.
- intentamos conocimientos críticos y actualizados desde la realidad.
- buscamos la libertad.
- emprendemos decisiones creativas.
- pertenecemos a un grupo.
- asumimos situaciones y procedimientos democráticos.
- toleramos.
- valoramos lo diferente y las diferencias.
- apreciamos la vida, la verdad, la justicia y la libertad.
- reconocemos derechos y deberes.

Para lectores autogestionadores

Mientras ordenaba el material que hoy tiene entre sus manos mi preocupación fue seleccionar aquello que podría servirle desde alguna mirada vital.

¿Por qué digo lectores autogestionadores?

Porque no es un libro para leer solamente, sino supone ubicarse como padre, docente, futuro docente, recreador, comunicador o futuro comunicador, catequista... para desde allí pensar en la edad y contexto de aquellos con quienes jugará para transformar el material en apto según su manera de proponer desde lo lúdico; siempre que quiera pensar, amar y trabajar con propuestas axiológicas.

¿Por qué pienso en ustedes?

Padres: muchas veces los hijos se aburren, estando con amigos no saben qué hacer, otras veces nosotros no sabemos cómo entrar en temas más profundos con ellos... Aquí encontrará un material que bajo su orientación y en algunos casos sin ella, será de utilidad para jugar reflexionando el aprender a vivenciar actitudes desde el valor.

Docentes, futuros docentes: cada vez más urge la necesidad de que los alumnos construyan activamente desde el saber cómo saber razonar, saber hacer y saber ser para el desarrollo de capacidades personales y sociales. Todo el proyecto ético parte de la libertad del ser humano y creemos que aquí estamos presentando sugerencias para edificarlo.

Es necesario que el futuro docente en espacios filosóficos - pedagógicos - didácticos - éticos se encuentre con la posibilidad de ejercitar en situaciones de aprendizaje lúdico propuestas axiológicas ya que la adhesión al valor debe surgir desde una experiencia interior de descubrimiento y no de respuestas automáticas o mecánicas.

Recreadores: en el jugar por jugar se pone en juego el gran valor de la vida, es allí donde descubrimos que el valor es un saber que aprendemos mientras operamos en él, desde aquí lo válido de estas páginas.

Comunicadores y futuros comunicadores: considero que "ejercitar la imaginación moral, supone un acto tanto de juicio como de valorización o de elaboración de juicios de valor, juicios éticos que dominan la práctica periodística". (Lambeth)

Las propuestas que presentamos son apoyo para el desarrollo del juicio ético tanto en el interlocutor, como en aquellos que se preparan para producir creativamente.

Catequistas: llamados a proclamar el mensaje desde una invitación que promueva el compromiso axiológico como aprendizaje diario.

Todo ser humano, que formando parte de grupos quiera trabajar decidiendo libre y responsablemente en pro del bien común.

Al final de cada dinámica y/o propuesta lúdica encontrará un espacio reflexivo que ha sido madurado en experiencias y situaciones diferentes.

Este libro, ¿por qué?

Son muchos los motivos.

Cuando pensamos en los hijos y su formación.

Cuando tantos alumnos pasan por aulas teniendo sed de verdad, amor y justicia.

Cuando en la verdulería, en la carnicería o en la librería se escuchan los testimonios de unos y otros...

Cuando, en definitiva, todo lleva a plantearnos: ¡qué difícil es convivir cuando los valores no son lo primero en nuestro andar!

Somos testigos de modos de vida que no entusiasman.

Hay una suerte de desconcierto, un afán por confundirse con el mundo adolescente que no les hace bien a ellos, ni tampoco a quienes se vinculan con ellos.

Creo que prestar atención a niños, jóvenes y adultos requiere poner el oído, poner el corazón y poder discernir juntos los caminos que gestan la civilización de la vida, buscando aunar sentimientos de solidaridad en una sociedad donde palpita el aumento progresivo de la desigualdad.

Es necesario aprender y enseñar a convivir desde las actitudes, buscando construirlas en la trama vital de cada día.

Ya no nos gusta recibir consejos, ni como referentes; entonces será necesario dedicar tiempo para descubrir desde las propias decisiones los valores que nos humanizan en una sociedad que por un lado grita amor y por otro pacta con signos de muerte.

Si vivir es vivir éticamente, las normas deberán ser presentadas como liberadoras y no como opresoras, como vías de realización de la propia personalidad y no como coartantes de posibilidades de vida.

Cuesta impulsar sentimientos y acciones desde los estímulos positivos, es más fácil señalar lo negativo. Por eso es común mirar lo que falta, antes de lo que ya se ha logrado.

Tanto lo totalmente permisivo, como los autoritarismos se alejan de pensar por sí mismo. Confianza y aceptación son necesarios para poder expresarse. Niños y adolescentes necesitan correr riesgos, escuchar y ser escuchados, revelar sus pensamientos sin temor a la censura antes de ser oídos.

En estas páginas encontrarás continuos dilemas a resolver, porque la experiencia indica y muchos estudiosos lo acreditan: la reflexión y la discusión de cuestiones morales replantean a las personas el decidir, optimizan las condiciones para el juicio moral. En definitiva prepara para pensar, hacer y sentir desde la vida misma.

Al seleccionar los valores se nos presentan varias alternativas teniendo en cuenta las consecuencias o sea las ventajas e inconvenientes.

La estimación del valor traerá como resultado que la elección tomada sea apreciada, pudiendo defenderla públicamente y llevarla a cabo en la vida de cada día. Este proceso puede aplicarse en distintas edades siempre que se adapte al momento evolutivo de las personas o grupos.

Las propuestas lúdicas que aquí aparecen han sido trabajadas con alumnos y grupos en diferentes contextos, autogestionándolas. Algunas fueron propuestas elaboradas y llevadas a cabo en las cátedras de Juego y creatividad, Filosofía y ética.

En realidad, todos estamos en camino.

"Sólo vive de veras quien jamás se detiene". Tenía veinte años cuando alguien me dijo esta expresión, hoy la siento como propia, es como decir: ¡Adelante! Siempre adelante.

Cada uno de nosotros puede recorrer con valentía, según el pulso de su ritmo personal distintas llanuras, diferentes campiñas, escalar montañas transitadas y nuevas. A veces parece más seguro seguir el mismo y gastado trayecto sin dar espacio a la creatividad. Cada uno de nosotros tiene un potencial único, particular, singular e irrepetible. Parece ser que para no detenernos debemos ser valientes y perseverantes. Por momentos todo parece decir: "Sigue adelante", pero también suele ser tentador encontrar un lugar en el sol y querer quedarse allí.

La pregunta: ¿para qué intentar algo nuevo? nos invadirá. Los temores pueden paralizarnos y la comodidad dejarnos estancados... y ¿por qué no? sofocados.

Podemos intentar que cada año, cada mes, cada día sea parecido al anterior; aunque los huesos suelen doler un poco más y nuevas arrugas marcan el rostro, pero de esta manera, ¿vivimos la construcción de nosotros, de hoy, desde una trama solidaria y comprometida?

¿Será necesario volver a nacer?

Recuerdo la primera vez que hice una torta, tenía 10 años. Decidí hacerla sola. Al rato de ponerla en el horno, comenzó a hervir, olvidé ponerle harina; había probado la masa de rico sabor pero no había reparado en que le faltaba un ingrediente. No se pudo comer. Pero de ahí en más, ricas tortas pude compartir con otros. Decisión, valentía, valores, humanizan.

Todo se aprende.

No detenerse en el caminar.

Pero sí detenernos para pensar desde el caminar.

Al cruzar la calle, el semáforo es un buen indicador y en la calle de la vida también.

Daniel Goleman al presentarnos el semáforo desde la vida sugiere:

-ante la luz roja: deténte, cálmate y piensa antes de actuar.
-ante la luz amarilla: cuenta el problema y di cómo te sientes.

- propón un objetivo positivo.
- piensa en una cantidad de soluciones.
- piensa en las consecuencias posteriores.

-ante la luz verde: adelante y pon en práctica el mejor plan.

Sembrando esperanza

La vida está formada por cada uno de nuestros actos que conforman ese espacio personal llamado historia.

Cuando nos ponemos a pensar sobre nuestra historia personal, percibimos que vivir supone convivir. Entonces quienes de alguna manera estamos pensando en función de nosotros mismos y de otros podemos darnos cuenta que educar es convivir, y por otro lado esta oportunidad se presenta a cada instante: la experiencia de aprender a convivir.

Y ¿cómo favorecer el convivir?

- auspiciando conductas autónomas.
- responsabilizándose cada uno de sus decisiones.
- actuando según pautas que se consensuan y construyen con el otro.
- reflexionando sobre las problemáticas en equipo.

Probado es que los grupos se sienten entusiasmados en nuevas propuestas en la medida que perciben que lo que pudieron construir, responde a sus necesidades y surge del respeto mutuo.

La construcción de la cultura democrática se va forjando en la convivencia diaria y es allí donde se discrimina, se acepta o se rechaza al otro, desde su pensar, hacer o sentir.

Es lastimoso ver cómo grandes potenciales humanos pierden su tiempo buscando vanidosamente la construcción de su yo, mientras exigen que otros les sirvan.

Hemos escuchado muchas veces: es la vida escuela de valores y antivalores; lo cierto es que todos ellos llevan nombre, apellido y dirección.

Se necesita hoy valentía, en la sociedad de consumo que habitamos para vivir de acuerdo a la verdad, la justicia y la solidaridad. Detrás de las mejores banderas aparece el egoísmo y la búsqueda de los propios intereses. Solo desde una gran pasión por el bien y bajo esta inspiración pueden surgir modos de aprender a convivir que proclamen la democracia de hecho y de derecho.

En toda democracia el diálogo es instrumento fundamental para lograr acuerdos.

La situación de diálogo es una invitación al ejercicio de las facultades superiores del hombre, supone y exige inteligibilidad, claridad… El diálogo no es un mandato ni una imposición, más bien es propuesta paciente, pacífica y generosa. La confianza que lo caracteriza entrelaza los espíritus. La prudencia ejercida en el diálogo lleva a comprender las condiciones psicológicas y morales del que oye. En el diálogo se descubre el respeto por el otro.

Pero es necesario no sólo educar para dialogar, respetar, sino también para valorar la diversidad.

Aprender a convivir exige cultivar actitudes de apertura, interés positivo por las diferencias y respeto por lo distinto.

Hoy, debemos valorar cada vez más la capacidad de dialogar, relacionarnos, comunicarnos, en definitiva convivir. Todo esto se crea y recrea, se desarrolla y se cultiva, nadie lo recibe de herencia.

Por otro lado para que exista requiere tiempo, cuidado y presencia.

Aprender a convivir.

Aprender a vivir juntos.

Aprender a valorar.

Aprender a disfrutar de la compañía.

La construcción de este camino hace bien tanto a quienes lo proponen, como a aquellos a que está destinado.

Si en verdad queremos proponer valores vitales debemos preguntarnos: ¿...creemos que hoy es posible crear y recrear una genuina cultura de paz, tolerancia y democracia?

Creo que si lo vemos factible, estamos sembrando el futuro de esperanza y poniendo pilares para una democracia donde las desigualdades se profundizan, pero aún queda espacio para formar desde el diálogo y la argumentación válida, desde el derecho a la dignidad humana, y ¿por qué no? desde las posibilidades formativas de la actividad lúdica, donde la libertad y creatividad se dan cita.

La vida cotidiana

Ser caminante de la vida cotidiana, nos impulsa hoy a pensar y querer poner en manos de otros la necesidad de enseñar a pensar, enseñándonos a nosotros mismos. Porque el pensar es un discernir desde los hechos, para afrontarlos gestando nuevas posibilidades. Aprender a vivir, supone aprender a pensar, amar y hacer desde la vida.

Autores daneses de la escuela de Horst nos invitan a "enfrentar los desafíos que nos plantea la vida cotidiana, como la mejor manera de aprender." Para explicarlo mejor agregan que "no pensamos mucho sobre nosotros mismos y recaemos en pensamientos generales. Por eso nos damos cabezazos sobre el muro… entonces recién empezamos a pensar sobre nuestra cabeza, sobre cómo hemos chocado contra el muro."

La vida cotidiana es la realidad donde estamos insertos, nos movemos, donde tomamos decisiones planificando y realizando acciones, es ese espacio que interpretamos y valoramos, de una o de múltiples formas, ya que la realidad está configurada por un tejido diverso interrelacionado. Hoy la realidad ya no es sólo una, coexisten una pluralidad de realidades. Y, es en esta realidad donde cada uno de nosotros debate su estilo de ser y hacer, dando a luz diariamente como tarea prometedora de nuevos desafíos, inaugurando así el amanecer o anochecer de cada instante.

Vibra en este nuevo engendro lo que llamamos posmodernidad y ante esta posmodernidad, al igual que en otros tiempos, es necesario un adentro, para poder vitalizar dignamente los espacios, los ámbitos de expresión.

A partir de la década iniciada en 1980 se utiliza el término posmodernidad para manifestar algunas formas culturales diferentes. Esto se origina como reacción ante los valores de la modernidad.

El hombre está preocupado por salir del aburrimiento, mediante el deporte, la velocidad… y queda librado a las modas, la publicidad, al cuerpo... en definitiva a la apariencia. Es el momento en que proliferan los gimnasios y se padece la necesidad de dietas, cirugías estéticas, siendo comunes la anorexia y bulimia. Parece que se considera la felicidad como la ausencia de tensiones y para no tenerlas es necesario consumir, por tanto, dinero y poder.

Estamos en la época en que el adulto se torna adolescente y es a él a quien hay que imitar.

Parece que todo pasara por fuera.

Se suele rendir culto a las exterioridades, a las apariencias, lo dice muy bien el cuento que pongo a tu consideración: "El kimono"

EL KIMONO

Voy a contar la historia de Ikyu, personaje del pasado.

Ikyu significa reposo, descanso.

Era hijo del emperador. Lo confió a un templo; pero todo el mundo sabía que era un príncipe.

Más tarde llegó a ser abad del templo más bello de Kyoto, e introdujo la ceremonia del té, de la que es el fundador.

Su kimono estaba deshilachado como el de un mendigo.

Un día, un hombre rico lo invitó a una ceremonia conmemorativa por sus antepasados. Ikyu se presentó en la mansión vestido como un mendigo porque vivía muy pobremente, y los criados, tomándolo por un pordiosero, lo echaron.

Entonces Ikyu volvió al templo y por primera vez, se puso un bellísimo kimono violeta, un rakusu dorado, bonitos zapatos y un hábito de seda blanca. Vestido así se dirigió a casa del hombre rico donde le estaban esperando. Allí recitó sus oraciones.

Cuando terminó la ceremonia se dirigió al comedor y los criados pusieron manjares deliciosos ante él. Su mesa estaba cubierta de platos.

En Japón, se pone una mesa ante cada invitado; a veces hasta tres mesas en los banquetes más refinados. Entonces Ikyu dobló su kimono

«Tendrá ganas de beber», pensaron sus anfitriones. Pero él puso su kimono ante la mesa y no tocó los platos.

–¿Por qué no come usted? –le preguntaron.

Ikyu respondió:

–Este banquete no me ha sido ofrecido a mí. Le ha sido ofrecido a este kimono violeta, así que él es quien debe comérselo.

Cuento Zen

Desde la lectura surgen varios interrogantes, algunos entre tantos:

¿Valemos por lo que somos, o por nuestra vestimenta?

¿En qué radica la dignidad del ser humano?

De diferentes formas podemos vivir esta realidad, creemos que bucear en el interior que nos habita puede ser la manera de transformarla.

¿Qué es vivir?
He intentado enseñarte formas de andar,
pero nadie tiene derecho de llevarte en hombros.
Intenta elegir.
Savater

El hombre dietético

Hoy ha crecido la idolatría de la corporalidad, los alimentos son dietéticos, son light, bajas calorías, sin azúcar...

Recomponer la salud, mejorarla, cooperar a vivir mejor; donde en realidad la cultura del bienestar genera un arsenal de normas de autocontrol no de las personas, sino del cuerpo: guardar la forma, suprimir arrugas, mantenerse delgado.

Para el posmoderno la felicidad pasa por la justa dosis de higiene, deporte, estética, dieta y control mental.

Si hojeamos una revista es muy difícil encontrar en ella varones o mujeres gordas. Creo que mentiríamos si no reconocemos que nos interesa también a nosotros la propuesta. Por eso en la calle abundan los comentarios sobre aquellas personas que pueden estar excedidas de peso o son de notable obesidad.

El descontrol que se sufre bajo la presión de lo que piensa el otro lleva a tener una visión deformada hasta del propio cuerpo.

Los ciudadanos burbuja

Así tituló Jorge Halperín la noticia publicada en el diario Clarín del 18 de marzo de 1998.

Nos preguntamos: ¿Qué significa la expresión, ya una realidad, "hombres burbuja"?

"Es el gesto ante una tendencia que viene impulsada por los vientos de la insolaridad. La vida hoy parece pasar al otro lado de un gran ventanal y todo lo que uno busca es conseguirse un espacio tibio, aislado de gritos, amenazas -cada vez menos tolerantes a las diferencias- una suerte de burbuja aséptica cuyo monumento es la mansión que habita Yackson, aislado para prevenirse de toda clase de gérmenes y celebrar un fanático culto a sí mismo..."

Se sabe que la vida en muchos barrios ya no es ocasión para la sociabilidad, y vivimos en los barrios como suele suceder en los ascensores, somos extraños.

¿Cómo superar la bandera del individualismo que hoy proclamamos?

Decimos: -hemos resuelto y no se ha consultado a nadie.

-deseamos, cuando yo deseo.

-y así sucesivamente...

Y ¿por qué una suerte de burbuja aséptica?

Porque el varón-mujer con mentalidad posmoderna carece de heroísmo, todo es suave, ligero, sin riesgos; su ideal es aséptico, como lo dice la palabra "light".

Para Lipovetski, el ideal aséptico es la nueva utopía, estamos en la era del vacío. Somos fríos, de opiniones cambiantes, sin valores trascendentes, por lo cual se es cada vez más vulnerable y manipulable.

El hombre se va quedando huérfano de humanidad, desvinculándose de todo y de todos; al no tener referentes se evita el compromiso.

Todo le interesa a nivel superficial, es frívolo, todo se acepta, pero sin criterios sólidos en la conducta. Estas actitudes conducen a un gran vacío moral.

> Opiniones distintas coinciden en un punto:
> lo que vaya a ser nuestra vida es,
> al menos en parte,
> resultado de lo que quiere cada uno.

Ultramodernos úteros tecnológicos

Estamos en la era del plástico, donde todo se usa y se tira -es descartable-, donde existen los grandes templos de consumo llamados shoppings.

Marc Augé los llama "no lugares, es decir esos espacios de la posmodernidad multitudinarios, fríos y exactamente iguales en Calcuta, Nueva York, Buenos Aires o Kenia.

"Ultramodernos, deslumbrantes, funcionales, inmensos úteros tecnológicos donde el vecino es una masa anónima.

"Sus ambientes combinan el aire acondicionado con un murmullo de multitudes extrañamente suave casi una vibración... Sólo prometen la vida fugaz que trae como luciérnagas la autopista... Nada es más fascinante -y más tranquilizador- que citarse en el shopping donde está todo lo que hay que ver: luz y sonido, hamburguesa, cine, vidrieras, aire acondicionado..." Clarín, jueves 13 de marzo de 1998.

Así llegamos a estas ciudades ávidos en búsqueda de felicidad, bienestar... y aparece el consumir en la medida que se puede como fórmula de libertad.

Hay quienes reconocen al otro solamente desde el hecho de ganar o tener mucho dinero.

Esto conduce a un nuevo modelo de héroe: el triunfador que aspira al poder, la fama y un buen nivel de vida -caiga quien caiga.

De esta manera no se aspira a cultivar valores, sino que el desarrollo de la persona se centra en la libertad, sin condicionamientos. La razón se pone en tela de juicio, no vale la pena pensar demasiado, porque el pensar complica la vida. Entonces no se necesita pensar para vivir, se hace lo que se siente y se consume lo que se siente. Aparece la sensación de vacío, que lleva a una personalidad débil, apta para todas las adicciones ya sea droga, dinero, alcohol, poder... Entrar en la adolescencia y no salir nunca de ella es la aspiración no sólo de jóvenes, sino también de toda la sociedad.

Se entra en la filosofía de mira, usa, tira y vuelve a visitar el templo del consumo. Así el mundo se convierte en una vidriera luminosa que encandila y atrapa… la publicidad y los medios de comunicación social incentivan la compra de productos que quizá no necesitemos.

En este momento estoy recordando algo que una vez leí:

Un señor maduro, con una oreja verde

Un día en el expreso Soria Monteverde vi subir a un hombre con una oreja verde. Ya joven no era, sino maduro parecía. Salvo la oreja que verde seguía.

Me cambié de sitio para estar a su lado y observar el fenómeno bien mirado.

Le dije, usted tiene ya cierta edad, dígame ¿esa oreja le es de alguna utilidad?

Me contestó amablemente: yo soy persona vieja, pues de joven sólo tengo una oreja.

Es una oreja que me sirve para oír cosas que los adultos nunca se paran a sentir: oigo lo que los árboles dicen, los pájaros cantan, las piedras, los ríos y las nubes que pasan; oigo también a los niños cuando cuentan cosas que a una oreja madura parecería misteriosa.

Así habló el Señor de la oreja verde aquel día, en el expreso Soria Monteverde.

Y, nosotros, ¿qué pensamos.

> La tierra necesita de nuestro cuidado
> y respeto. Es nuestra casa, el lugar
> desde donde construimos la historia.

Más vale pájaro en mano

Nos creemos fuertes, todo lo podemos.

Vivimos en un estado de liberación sin fronteras. No existen los límites, éstos son marcados por los propios deseos. Los códigos son relativos y a nuestra medida. Todo está permitido: lo podemos comprobar en el desenfado al hablar. Todo esto ocurre a diario. Lo muestran tanto los grandes hechos como los pequeños.

Paso a contarte dos episodios:

- Viajaba en tren -línea Sarmiento- a las 17 hs.

Aparentemente ya no podía entrar nadie. Yo estaba al lado de la puerta. Subió un muchacho de unos veinticinco años, con cabello largo, olor a sucio y mojado. Después de un rato tuve que correr la cartera para que las gotas de su cabellera no mojaran mi abrigo; entonces le pedí por favor si podía hacer algo para solucionar la situación. Su respuesta me impactó: "No puedo", y al instante dijo "No quiero".

- Leí en el diario Clarín del 18 de marzo de 1998:

"Observamos la nada a través de unas ventanas inmensas, no había otra cosa que hacer. El avión de Aerolíneas Argentinas demoraría un día en pasar por París a causa de una bandada de pájaros suicidas que silenció su motor. De modo que allí estábamos los 170 pasajeros con destino a Buenos Aires encerrados en una jaula de oro, en un ultramoderno hotel de la cadena Hyatt, mirando el paisaje de tierra rasa y autopistas que rodea el aeropuerto. Es curioso el contraste entre el rabioso grito de la modernidad en el vacío del Hyatt -salones inmensos pavimentados de parquets, ventanales como de aeropuerto, pequeñas fuentes de agua, techos elevadísimos a la altura de un quinto piso, pianos computarizados que hacen oír música al estilo de "Casablanca" pero sin pianista- y por otro lado, la fragilidad extrema de una gran máquina aérea que puede ser dañada por unos cuantos pájaros"

Unos cuantos pájaros logran desarmonizar los logros de grandes avances técnicos y son capaces de neutralizar el poder del hombre. Para pensar, ¿verdad?

Todo el proyecto ético parte de la libertad.

¿Hay valores? ¿Ética?

¿Etica de la paz,
    de la justicia,
        de la verdad,
            de la solidaridad?

Si tomamos conocimiento de lo que nos pasa y también sucede a nuestro alrededor nos daremos cuenta de que a diario debemos resolver continuos y diferentes conflictos; la psicología presenta al conflicto como motor de desarrollo.

Si ponemos el oído en distintos ámbitos escuchamos: "Ya no se puede creer en nadie, ya no se puede vivir."

Verdad es que la mentira es el gran virus de la sociedad y la flagela de distintas y variadas formas.

Se habla de libertad y se confunde hacer lo que debo desde el bien común, con hacer lo que quiero, pero ¿se educa dando responsabilidades y construyendo las normas desde el diálogo? o ¿éstas se imponen?

La sociedad posmoderna se expresa a través de los medios masivos de comunicación, que no siempre presentan modelos de vida sana.

Cada persona necesita proyectarse en la vida y tener su propio proyecto de vida distinguiendo valores inferiores de valores superiores. Se puede elegir todo, pero será necesario elegir el estilo de vida que dará contexto a todas las elecciones.

Sabemos que el educar supone poner el esfuerzo en ejercicios, actividades y propuestas que lleven a diario a vivir valores como los que mencionábamos en el título: paz, justicia, verdad, solidaridad…

Aprender es algo constante desde el nacimiento: ¿será entonces necesario aprender a superar conflictos para vivir valores en relación consigo mismo, los otros y la trascendencia?

Hay distintos ensayos, sugerencias... desde la investigación-acción, la práctica nos indica que el proyecto de resolución de conflictos presentado por Rafael Grasa es una buena respuesta.

Por eso sugerimos pasos de resolución de conflictos:

• analizar el conflicto:

-teniendo en cuenta personas, procesos y problemas.

-estableciendo quién está involucrado y quién puede influir en el resultado del proceso.

-distinguiendo intereses y necesidades de cada uno de los implicados.

-facilitando y mejorando la comunicación entre las partes.

-creando un ambiente de diálogo para buscar soluciones reales y constructivas.

Si el conflicto se refiere a grupos, será conveniente:

• describir el conflicto.

• identificar los grupos de personas involucrados y el papel de cada uno.

• buscar los fundamentos del conflicto: motivos, intereses, valores, nivel de conciencia del conflicto, tipo de comunicación entre las partes...

- intervenir mediando, para esto:

-insistir en que se separe la persona de los problemas.

-que las partes implicadas reconozcan su participación en el conflicto.

-concretar necesidades y dificultades básicas de cada parte, evitando generalizaciones

- replantear el conflicto:

-tratando que por distintos procedimientos cada uno se ponga en el lugar del otro.

-enfocar el conflicto desde todas las soluciones posibles; esto obliga a poner énfasis en el futuro y no en el pasado.

- buscar soluciones, lo cual implica:

-establecer un ambiente que permita explorar lo desconocido sin desconfianza.

-insistir en la contribución de cada uno a la solución, pensando en lo que conviene a cada parte.

-lograr un acuerdo global o acuerdos fragmentados que conduzcan a este.

El proceso que hemos descripto colabora en la resolución de conflictos. Por eso hemos tenido estos pasos presentes en las distintas propuestas lúdicas a fin de ejercitarlos.

Es interesante y resulta un desafío diario convivir niños, adolescentes y adultos; estando estas relaciones sujetas a conflictos propios.

No hay comunidad humana que funcione sin una normatividad. La justicia es el lazo que mantiene unidos a quienes la componen.

Los roles que supone ser madre, padre, hijo, alumno, hermano nos necesitan a cada uno desde su propio papel; siendo los mayores quienes deberemos acompañar los proyectos que dignifican a las personas. Si acompañamos estimularemos, consolaremos, sostendremos y confiaremos en el otro.

Así estaremos rescatando la alegría de vivir desde la no-violencia. Esta alegría lleva a tener mejores fuerzas para afrontar cada día y se da en el diálogo continuo.

Aprender a vivir de esta forma, genera respeto y responsabilidad desde todos, implicando un replanteo desde lo ético como necesidad urgente y significativa de nuestra época, donde los conflictos son una situación necesaria para la madurez.

> "Ninguna virtud es tan propia del hombre como ésta: suavizar lo más posible la pena de los otros, hacer desaparecer la tristeza, devolver la alegría de vivir."
> Tomás Moro - Utopía.

Por lo menos dos minutos
de risa diaria

Casi todas las escuelas terapéuticas admiten la utilidad de las actividades expresivas para disminuir el stress. Pues bien, ahora se suma una nueva: reír con ganas. La difusión de la terapia de la risa -tal su nombre- prendió fuerte en España, donde fue difundida por la psicoanalista Teresa Martín Argilaga.

Según ella, la risa permite que el cerebro segregue endorfina, una sustancia que ayudaba a la dilatación de venas y arterias.

"La endorfina -dice Argilaga- es la droga de la felicidad y cuando circula por el torrente sanguíneo uno se siente calmo, distendido, de buen ánimo. Está comprobado que la risa activa las glándulas cerebrales productoras de endorfina. Basta reír entre dos y cinco minutos diarios para experimentar sus beneficios".

La teoría de la risa terapéutica fue concebida por el psicólogo norteamericano Norma Counsin y expuesta en su libro *Anatomía de la enfermedad*. Allí Counsin dice que un par de buenas carcajadas diarias equilibran los nervios, producen relajación muscular, revitalizan las células y previenen enfermedades cardíacas. No es jauja.

Juegos y dinámicas

Autogestionando juegos para suscitar actitudes desde el valor.

Una propuesta para que desde tu experiencia lo hagas realidad, según las características y posibilidades del grupo.

Al reclamar del niño un esfuerzo de trabajo basado en algo distinto del juego se actúa como el insensato, que en primavera empieza a sacudir un manzano para que dé manzanas: en lugar de recogerlas, se privará, al hacer caer sus flores, de los frutos que el otoño prometía.

Edouard Chaparède

El juego como medio de comunicación

Biólogos, astrólogos y filósofos piensan que salir del exceso de pragmatismo y seriedad es necesario para lograr un modo de vida más auténtico, libre, y hacerlo por medio de la actividad lúdica supone reconocerla como reveladora de los rasgos fundamentales de una cultura.

Los juegos de nuestra cultura están ligados, o más bien dependen de nuestra capacidad de crear, de poner en ejercicio la capacidad de jugar.

Se puede informar sobre la actitud lúdica, pero nunca inculcar o imponer ya que ésta se genera por autoaprendizaje.

Si contamos a alguien que no juega los pasos de un juego, por más que quiera ser fiel a lo dicho; al comunicarlo no podrá llevar la impronta del gozo implícito en esa situación lúdica.

Quien no cree en el juego no está tampoco en condiciones de jugar.

Entregado quien juega a la actividad lúdica, se compromete desde ella con la realidad más profunda de su yo y de aquellos con quienes participa, se da así una exploración de sí mismo y del mundo circundante.

Puede ser, entonces, el juego el inicio en el hombre del placer estético, la meditación personal y del caminar en lo grupal.

Así aprendemos a ponernos en el lugar del otro, a mirar al otro, los dos somos importantes, cada uno significa, se da a la vez identificación y alteridad, asumiendo los propios roles y comprendiendo los del otro. Cada uno desde su contexto va descubriendo nuevas oportunidades e interpretando en el sentido que la realidad requiere.

El juego es vida, y al serlo plantea obstáculos, pone al ser humano frente a debilidades y fortalezas, es aquí donde podemos gestar afectividades comunicativas de cada uno en diálogo permanente con los objetos y los otros.

Se desarrolla la exploración y conquista de espacios de comunicación en adquisición de conocimientos y habilidades, tan importantes como la ejercitación de actitudes decisivas para la formación de la personalidad.

> "El hombre sólo es verdaderamente hombre cuando juega."
> Friedriech Von Schiller

PARA REFLEXIONAR............................

• Todos los juegos son propuestas para ser adaptadas según las características del grupo y posibilidades en distintas edades.

• En las situaciones lúdicas sugeridas se pondera desde la participación y pertenencia a un grupo hasta diversas formas de dialogar, discernir, decidir, valorar y comprometerse.

• Todos estos juegos favorecen el ejercicio de procedimientos democráticos de reconocimiento y aprecio a los procesos para la solución de hechos en la vida.

ACORDAR

RECURSOS MATERIALES:
-una hoja
-instrumento para escribir
-hojas grandes según cantidad de equipos (alguna de más)
-marcadores para escribir

RECURSOS HUMANOS: -deseos de acordar

PARA QUE: -educar para el logro de capacidades reflexivas y autorreflexivas en torno a las propias Normas.

PROPUESTA:

• Un grupo que se encuentra en proceso de toma de decisiones plantea la necesidad de establecer acuerdos para el buen funcionamiento del mismo.

• El coordinador general, por medio de alguna estrategia, invita a formar grupos.

• Ya agrupados los pasos a seguir son los siguientes:

1.- Por votación se elige coordinador y secretario de cada grupo.

2.- Cada equipo tendrá diez minutos para pensar acuerdos que faciliten el buen funcionamiento del mismo.

3.- Después del tiempo convenido los coordinadores actuarán como facilitadores de la participación de cada uno y el secretario se encargará de tomar nota de todas y cada una de las propuestas.

4.- Los miembros del grupo revisarán lo expuesto a fin de que exista claridad y precisión.

5.- Cada equipo logrará su propia lista de acuerdos, escribiendo en cada caso el nombre de los autores.

6.- La hoja de cada propuesta viajará por todos los equipos estando en cada uno 5 minutos para:

-leerla

-realizar un guión de color al lado de los acuerdos que consideren se deben tener en cuenta

-agregar lo que no está

7.- Cumplidos los cinco minutos todas las hojas rotarán, dando la vuelta hasta llegar nuevamente a los autores.

8.- Entre todos, previo al comienzo del juego, habrán decidido el número de elecciones necesarias en cada acuerdo para ser tenido en cuenta.

• Nosotros lo hemos jugado de la siguiente forma: si el número de equipo es diez, se necesitarán seis elecciones para cada acuerdo.

9.- Realizada la verificación de lo seleccionado se escribirán en un papel grande, para el intercambio de opiniones entre todos.

10.- Puestos de acuerdo, quedará escrito en lugar visible lo que por decisión todos han votado.

11. La firma de cada uno de los presentes certificará lo logrado por consenso.

12.- La representación de lo consensuado puede ser la forma de adquirir mayor compromiso con la situación.

El juego lleva tiempo. Se puede realizar por etapas.

Por ejemplo: primera etapa hasta el número 9 comprendido, segunda etapa: desde el 9 hasta el final.

NUESTRA REFLEXION ....

Es importante la actividad de acompañamiento que adopte el coordinador general para propiciar el crecimiento de todos y cada uno de los integrantes del grupo. Por esto respetará las opiniones distintas y, será imparcial, ya que los acuerdos están dirigidos al bien desarrollando las posibilidades de autonomía de todos y cada uno.

En todo grupo, los acuerdos-normas, resultan más elevados cuando todos están interesados y participan en el establecimiento de los mismos.

Es importante que estos acuerdos-normas sean revisados críticamente a lo largo del proceso grupal, sabiendo que estas deben ser realistas -permaneciendo dentro del nivel de posibilidades del grupo- así también la desviación de ellas será desaprobada por los integrantes del mismo.

Discernir en torno al bien común
es comenzar a comprometerse

LOS GANSOS SABEN VOLAR EN GRUPO

RECURSOS MATERIALES:

-cuento: Mirad a los gansos

-algún instrumento para escribir

RECURSOS HUMANOS:

-deseos de superación

PARA QUE:

-ayudar a autoevaluarse y evaluar en forma responsable y creativa en relación al grupo de Pertenencia.

PROPUESTA:

a) Los componentes del grupo se sientan en forma circular y quien va a narrar el cuento se ubica cerca de ellos, pero en un lugar que permita la visión de todos.

b) Narrado el mismo, cada uno recibe una hoja con el cuento impreso.

c) Terminada la lectura individual se forman los grupos que suelen trabajar individualmente.

d) Se entrega el siguiente escrito:

> No somos gansos
>
> Somos miembros de un grupo
>
> La ciencia ha descubierto cómo y por qué vuelan los gansos.
>
> ¿Podríamos pensar juntos?
>
> 1..- ¿En qué situaciones es mejor volar juntos, antes de hacerlo solo?
>
> 2.- ¿Cuáles son los momentos que el apoyarnos mutuamente ha significado progreso o viceversa?
>
> 3.- En nuestro grupo, ¿es posible que el coordinador tome la actitud del líder de los gansos?
>
> 4.- ¿De qué manera el grupo vive el estímulo, los aciertos y errores tanto individuales como grupales.

e) O bien se les entrega el cuento para que según la propia realidad grupal, al lado de cada consideración, ellos escriban desde lo que acontece en su propia realidad grupal.

f) Cualquiera de las dos situaciones nos lleva a comparar: el volar de los gansos en grupo, con el caminar en nuestro grupo.

g) A modo de cierre cada grupo propone lemas que servirán para la autoevaluación del mismo en una nueva instancia.

Mirad a los gansos

El próximo otoño, cuando veas los gansos dirigiéndose hacia el Sur para pasar el invierno, fíjate que vuelan formando una V.

Tal vez te interese lo que la ciencia ha descubierto acerca de por qué vuelan en esa forma: se ha comprobado que, cuando cada pájaro bate sus alas, produce un movimiento en el aire que ayuda al pájaro que está detrás de él.

Volando en V, la bandada completa aumenta por los menos un 71% más su poder, que si cada pájaro volara solo.

Las personas que comparten una dirección común y tienen sentido de comunidad, pueden llegar a donde lo deseen más fácil y rápidamente, porque van apoyándose mutuamente.

Cada vez que un ganso sale de formación, siente inmediatamente la resistencia del aire, se da cuenta de la dificultad de hacerlo solo y rápidamente regresa a la formación para beneficiarse del poder del compañero que va adelante.

Si nosotros tuviéramos la inteligencia del ganso, nos mantendríamos con aquéllos que se dirigen en nuestra misma dirección.

Cuando el líder de los gansos se cansa, se pasa a uno de los lugares de atrás y otro ganso toma su lugar. Obtenemos mejores resultados, si tomamos turnos haciendo los trabajos más difíciles.

Los gansos que van detrás, graznan para alentar a los que van adelante a mantener la velocidad. Una palabra de aliento produce grandes beneficios.

Finalmente, cuando algún ganso se enferma o cae herido por un disparo, otros dos gansos salen de la formación y lo siguen, para ayudar a protegerlo. Se quedan acompañándolo hasta que esté en condiciones de volar o hasta que muera, y sólo entonces, los dos acompañantes vuelven a su bandada o se unen a otro grupo.

Si nosotros tuviésemos la inteligencia de un ganso, nos mantendríamos uno al lado del otro, apoyándonos y acompañándonos.

NUESTRA REFLEXION ....

Una de las fuerzas internas más importantes en la participación grupal es la inclusión personal de cada uno en el grupo.

Participar de y en un grupo, es mucho más que intervenir por medio de la palabra; es sentir el grupo como algo propio.

Podemos discernir sobre algunas maneras de participar:

-¿cuando una persona interviene en la discusión, le siguen por lo general otras?

-¿unas pocas personas monopolizan las intervenciones, o hay oportunidad para que intervengan todas?

-¿ayudamos a todos a participar?

-¿tomamos los logros y errores como aspectos a potenciar positivamente desde cada uno y lo grupal?

-¿la participación está centrada en el coordinador del grupo, en otra persona o distribuido en todo el grupo?

-¿la efectividad de la persona y del grupo, está directamente relacionada con las oportunidades proporcionadas para la participación de los integrantes, aun cuando las ideas personales no concuerdan con la decisión final del grupo?

"Los grupos no nacen, se hacen".
Gibb

¡QUE DILEMA!

RECURSOS MATERIALES:

-esquela con situación de texto e interrogantes

RECURSOS HUMANOS: disponibilidad

PARA QUE: pensar argumentando, para asumir la propia responsabilidad

PROPUESTA:

• Previo al momento se preparó un rol playing con personas pertenecientes al grupo o no para que presenten el caso.

• Conocido el hecho a partir de la técnica presentada entregaremos el texto e interrogantes que a continuación exponemos:

Era la cuarta hora del día miércoles, Mariana -la profesora- conversaba con los alumnos sobre distintas actitudes que se suscitaban en clase. En ese preciso instante un papelito voló rozando su nariz.

Ella preguntó, ¿qué pasa?

Nadie contestó.

Mariana agregó que en realidad nada malo había ocurrido, pero sería bueno que cada uno se hiciera cargo de sus actos. Chicos y chicas manifestaron descontento por la situación.

Surgen distintas reacciones:

-unos se enojan porque siempre ocurre lo mismo y se culpa a todos

-otros dicen que los mismos que hablan son los culpables

-algunos manifiestan saber quién es, pero no lo quieren delatar

La docente se encuentra ante un dilema, sabe quién es, pero:

-si lo da a conocer, considera que el culpable no se corregirá

-si traslada el caso a la dirección cree no resolver en profundidad la cuestión, y además los alumnos le restarán autoridad.

-si no hace nada, dejará como precedente que todo está permitido

Entonces les pide a los alumnos, lo mismo que yo les propongo a ustedes.

Para responder en forma individual:

a) Ponete en el lugar de la maestra y buscá cómo resolver el hecho:

- delata al autor y conversa con el grupo cómo corregirlo.
- pide al grupo piensen una sanción que signifique corrección, sin dar a conocer su nombre.
- solicita intervención a la dirección para solucionar el caso.
- deja pasar el hecho y dialoga con los alumnos haciendo reflexionar sobre la responsabilidad de lo que hacemos.

b) ¿Qué es lo que harías y por qué?

- El grupo total se divide en grupos pequeños según afinidad -no más de cuatro miembros- para discutir las opiniones personales.
- Cada grupo elegirá un representante, quienes sentados al frente del resto manifestarán las posturas logradas sin dar lugar a discusión.

- Posteriormente se votará la propuesta elegida en cada grupo.
- Todos conocerán el resultado, terminando aquí la propuesta lúdica.

NUESTRA REFLEXION

Las experiencias estimulan el desarrollo del juicio y el razonamiento social-moral, a la vez que ponen en evidencia las distintas responsabilidades.

Cuando explicamos, enseñamos lo que sabemos, pero con la vida la enseñanza es directa. Como dice Fernando Savater en "El valor de educar" la verdadera educación no sólo consiste en enseñar a pensar, sino también en aprender a pensar lo que se piensa, y de esta forma hacernos conscientes de la realidad, ya que nadie está llamado a fabricar adultos sino a buscar que cada uno libere en sí mismo lo que le impide serlo.

• El profesor no sólo, ni quizá principalmente, enseña con sus nuevos conocimientos científicos, sino con el arte persuasivo de su ascendiente sobre quienes le atienden: debe ser capaz de seducir sin hipnotizar... Es el momento de recordar que la pedagogía tiene mucho más de arte que de ciencia, es decir que admite consejos y técnicas pero que nunca se domina más que por el ejercicio mismo de cada día, que tanto debe en los casos más afortunados a la intuición" (Savater).

"Más se consigue con una gota de miel,
que con una tonelada de hiel".

Niña

A Laura Elena

Nombras el árbol, niña
Y el árbol crece, lento pleno
anegando los aires,
verde deslumbramiento
hasta volvernos verde la mirada.

Nombras el cielo, niña
Y el cielo azul, la nube blanca,
la luz de la mañana,
se meten en el pecho
hasta volverlo cielo y transparencia.

Nombras el agua, niña
Y el agua brota, no sé dónde,
baña la tierra negra,
reverdece la flor,
brilla en las hojas,
y en húmedos vapores nos convierte.

Nos dice nada, niña.
Y nace el silencio
la vida en una ola
de música amarilla;
su dorada marca
nos alza a plenitudes,
nos vuelve a ser nosotros...

¡Niña que me levanta y resucita!
¡Ola sin fin... eterna!

Libertad bajo palabra, Octavio Paz

ARGUMENTOS VALIDOS

RECURSOS MATERIALES:
-hoja con situaciones planteadas
-elementos para escribir

RECURSOS HUMANOS: deseos de dialogar

PARA QUE:
-aprender a fundamentar las decisiones tomadas con respecto a experiencias

PROPUESTA:

• Los participantes se sientan cómodos en un lugar de la sala, buscando facilitar un ambiente cálido y si se quiere con música de fondo.

• Se los invita a ser constructores del hoy en un determinado espacio a elegir. Para esto se le entrega a cada uno las siguientes situaciones. A ellas les pueden agregar lo que consideren conveniente. Las mismas serán posteriormente actuadas.

- En un baile (características), frecuentemente ocurre que las acciones realizadas por los chicos presentes no se corresponden con los consejos dados por los padres (¿por qué?, ¿qué pasó?, causas, consecuencias).

- En una casa se organizó (¿quién organizó?) una actividad (características) largamente esperada por los dos hijos del matrimonio (¿cómo se sabe esto?). La propuesta tuvo aplausos y elogios por parte de los invitados. La realización fue extraordinaria y culminó con éxito (¿por qué?, ¿qué pasó?, causas, consecuencias).

-Una línea de subte recibe amenazas telefónicas indicando que se colocó una bomba (¿de qué tipo y características?). Se ordena la clausura momentánea en el instante en que ella iba a estudiar inglés (¿quién?, ¿cómo?, ¿por qué?, causas, consecuencias).

• Después de 15 ó 20 minutos de trabajo individual, se los invita a trabajar de a dos.

• Ambos participantes leen el caso elegido y desde la perspectiva de actores reformulan el hecho.

• Eligen uno de los hechos para dramatizar.

• Participan de la velada dramatizada presentando cada equipo su propuesta.

• Se invita a votar la situación que proponga la realidad con fundamentos posibles.

• Quien logre más votos ganará.

NUESTRA REFLEXION..............................

Es necesario proporcionar a las personas oportunidad para practicar la argumentación a partir de experiencias simples y sencillas donde se sientan actores, por lo tanto se involucren.

Es conveniente que tomemos conciencia que toda propuesta debe moverse en el ámbito de lo posible, de lo factible en la vida cotidiana. Buscar razones de los hechos colabora en una mejor toma de decisiones.

Una vida con un ideal posible, es un ideal de vida.

¿REFLEJA LA REALIDAD?

RECURSOS MATERIALES:
-historieta
-cartilla de interrogantes
-información: el hombre en la actualidad
-cartilla de derechos humanos

RECURSOS HUMANOS:
-capacidad para expresar lúdicamente valores

PARA QUE: -clarificar valores

PROPUESTA

• El grupo dividido en pequeños grupos recibe la historieta y los siguientes interrogantes:

-¿qué piensas de las escenas presentadas?

-¿las situaciones planteadas implican responsabilidad individual y/o de la sociedad en general?

-¿cómo me siento frente a esto?

-¿participo de alguna manera de estas situaciones?

-¿qué podría hacer yo?

-¿cómo responder a esta realidad sola/o o como grupo organizado? Propuestas.

• La misma historieta podría trabajarse en otra instancia teniendo en cuenta las características de la persona en la sociedad moderna y posmoderna, por esto adjuntamos un posible material.

EL HOMBRE EN LA SOCIEDAD

MODERNA:

* modelo social: ser adulto
* preocupación: angustia, ser solidario
* vive: por el espíritu, tiene esperanzas
* vive: de la ciencia y la tecnología
* comprometido, participa de organizaciones

POSMODERNA

* modelo social: ideal adolescente
* preocupación: aburrimiento, individualismo...
* vive: por el cuerpo, desesperanzado
* vive: de los medios de comunicación
* acrítico: no participa en grandes organizaciones
* su pensamiento es débil e inestable

LA PROPUESTA PUEDE SER

-Comenta lo que ves en la historieta con tus compañeros

-Selecciona lo que más te agrada de la tira y argumenta por qué

-¿En qué ocasión pondrías en práctica algunos o todos los aspectos propuestos en lo elegido?.

-Los derechos tuyos y de los semejantes tienen algo que ver con tu propuesta de acción, ¿por qué? Saca conclusiones.

-Los representantes de cada grupo exponen a todos las conclusiones logradas para ser debatidas.

NOTA: todos los momentos se realizan en pequeños grupos.

NUESTRA REFLEXION ....

La propuesta se mueve en el campo de la formación en valores.

Hoy como ayer los valores como tal existen, cuando hablamos de crisis de valores nos referimos al hecho de si estos valores se encarnan o no.

Por lo tanto es necesario formarnos cultivando la autonomía racional y la razón dialógica como posibilidad constante de la convivencia social.

En toda valoración debe intervenir la inteligencia, la afectividad y la voluntad como componente de la conducta moral, a través de la opción, estimación y actuación. Pensar, hacer y sentir son modos operativos de una misma realidad, que se necesitan mutuamente en el logro de todo aprendizaje.

"No observemos el paso de la vida.
Viajemos en ella."

Narosky

¿REFLEJA LA REALIDAD?

NUESTRAS CONVICCIONES

RECURSOS MATERIALES:
-documentación y publicidad sobre la temática incluida en el libro

RECURSOS HUMANOS:
-muchos deseos de jugar desde nuestras convicciones

PARA QUE:
-tomar conciencia sobre los factores que intervienen y condicionan la toma de decisiones.

PROPUESTA:

• Coordinar adultos o del grupo de pares según convenga. Presentan a los participantes afiches e información -a continuación se proporciona material- argumentando ante cada propuesta y demostrando convicción desde lo dicho.

Algunas de las propuestas sugeridas:

Una dieta sana aumenta la calidad de vida.

Documentación Vicepresidente de la Sociedad Argentina de Medicina Ambiental

Los dientes del cierre del jean se juntan cuando tus dientes se cierran ante una torta, ¿casualidades de la vida?

¡Aumenta tu calidad femenina o masculina!

UNA IMAGEN PARA LA SOCIEDAD DE HOY, CUATRO PASOS PARA DEJAR TU GORDURA Y SENTIRTE BIEN.

NOTA: convendrá colocar afiches e información abundante.

• Realizadas las presentaciones pueden ser dramatizadas o simplemente expuestas; se solicita a los miembros del grupo elijan una de las propuestas y luego se reúnan con los adherentes a la misma.

• Elegida la propuesta conversarán sobre:

-motivos de su interés

-intenciones de la propuesta

-cómo reaccionan ante ella y por qué

• Los grupos serán invitados a preparar publicidades para vender sus convicciones.

• Aplausos distintos mostrarán según el tiempo de prolongación quiénes adquirirán las convicciones.

NUESTRA REFLEXION . . . .

Cada uno tiene sus propias convicciones o cree que son propias; ciertamente la familia, el grupo de pares, la publicidad y los medios de comunicación también tienen su parte en ellas.

Aquello que creemos nos lleva a forjar determinada identidad, que se proyecta en forma personal según el estilo de vida deseado. El tratamiento de estas identidades suele generar conflictos y establecer diferencias, algunas enmarcadas dentro del cuidado, en este caso de la propia salud: maneras distintas de interpretar la realidad.

¿Qué es una convicción? ¿Cómo poder reconocerla?

Fernando Onetto nos dice que: "al plantearnos estos interrogantes estamos buscando cuál es la génesis en nosotros de un no y un sí prácticos, fuertes y consistentes... La convicción aparece como una certeza normativa que regula la acción..."

"Un hombre libre encuentra sabiduría,
no por meditar en la muerte,
sino en la vida".
Savater

EQUILIBRIO NUTRICIONAL

Una dieta sana aumenta la calidad de vida

La mayor parte de la gente, influenciada por una publicidad con gran impacto sanitario, sigue una dieta que no se ajusta a sus necesidades nutricionales y no mantiene hábitos alimentarios adecuados, lo cual implica un alto riesgo para la salud.

Las políticas económicas que estimulan la producción, elaboración y venta de ciertos productos alimenticios, instalan a menudo una idea errónea acerca de lo que constituye una dieta sana, y tienen una influencia considerable en la aparición de las enfermedades crónicas de mayor morbimortalidad de nuestro medio: cardiopatía coronaria, diversos tipos de cáncer, hipertensión, enfermedad cerebro vascular, diabetes, litiasis renovesicular, etc. Estos factores constituyen la causa más frecuente de sufrimiento, enfermedad y muerte prematura. Representan, asimismo, pesadas cargas económicas para la gente que las sufre, para sus familiares, y para el sistema de Salud Pública.

El tipo de dieta actual se caracteriza por la elevada ingesta de grasas. Azúcares refinados simples y sal, mientras que es escasa la ingesta de carbohidratos complejos derivados de los cereales, tubérculos y leguminosas, que con las hortalizas y las frutas proporcionan la fibra de la dieta, vinculada con la prevención de ciertos tipos de cáncer y estreñimiento.

Para una franja muy amplia de la población el fast food constituye una parte inseparable de su modo de vida, y engordan a fuerza de panchos, pizza, hamburguesas y papas fritas. Hoy, prácticamente cualquier kiosco expende sandwiches de dudosa procedencia y conservación.

Rara vez se ha intentado efectuar una evaluación de los efectos que a largo plazo produce la publicidad sobre las percepciones del público acerca de la calidad de los alimentos y la salud. Las propagandas provocan un enorme impacto sanitario: mientras por un lado se incita a comer de todo fuera de hora, por otro lado se muestran modelos con medidas imposibles de alcanzar para la mayoría de los consumidores.

Frente a este doble mensaje surgen la anorexia y la bulimia como graves enfermedades favorecidas por una sociedad que crea obesos que no tolera.

Otro problema está dado por los aditivos alimentarios, que si bien vienen siendo revisados desde 1986 en forma continua por un Comité Mixto FAO/OMS, para asegurar que no provoquen mala salud en las cantidades recomendadas, existe el riesgo de que el empleo ilegal disfrace la mala calidad o en el deterioro de los elementos, o constituya una adulteración deliberada, que puede resultar nociva. Pero además, muchos de los aditivos, están prohibidos en otras partes del mundo porque allí producen cáncer u otras patologías. La mera rotulación de los envases para identificar el contenido de los nutrientes y aditivos (de todos ellos) ayudaría a los consumidores a elegir, o a los maestros a enseñar hábitos alimentarios adecuados.

Si bien en la Ciudad de Buenos Aires las llamadas enfermedades por déficit de nutrientes no son demasiado frecuentes como en otros puntos del país, el denominado complejo malnutrición - infección sigue siendo una triste realidad, especialmente en ciertos sectores empobrecidos de los niños, los ancianos y las embarazadas. Además de adecuado y seguro, el alimento debería estar equitativamente distribuido.

Alberto Tolcachier

Vicepresidente de la Soc.. Argentina de Medicina Ambiental. Miembro de la Red Global de Epidemiología Ambiental de la Organización Mundial de la Salud.

Planeta Verde - Green Planet - enero de 1999.

La vida

*La vida
es una belleza.
Admírala.*

*Es un reto.
Afróntala.*

*Es preciosa.
Cuídala.*

*Es un combate.
Acéptalo.*

*Es una aventura.
Desafíala.*

*Es felicidad.
Merécela.*

*Es la vida.
Defiéndela.*

Madre Teresa de Calcuta

NOTICIERO RADIAL: ¿LOS SERES HUMANOS NACEMOS IGUALES EN DIGNIDAD Y DERECHOS?

RECURSOS MATERIALES:
- diccionario
- diarios-revistas
- tijera
- declaración de los derechos humanos

RECURSOS HUMANOS:
muchos deseos de jugar aceptando al otro.

PARA QUE:
- identificar situaciones favorables o contrarias a los derechos humanos en la comunidad local, provincial y nacional.

PROPUESTA:

- Invitamos al grupo a buscar en el diccionario la palabra discriminar.

    Nosotros también lo hemos buscado: discriminar:

    - diferenciar
    - distinguir
    - separar
    - segregar
    - dar trato de inferioridad.

- Llevamos diarios y revistas para todos.

- Escribimos con letra grande, de distintos colores, en un lugar visible la palabra discriminar a fin de ir invitando al cuestionamiento: diferentes, pero una única dignidad.

- Mediante alguna estrategia mezcladora formamos grupos y les planteamos las siguientes preguntas:

¿Cuándo ustedes se sienten discriminados: en casa, en el barrio, en el boliche, en la calle y en…?

Durante diez minutos fomentamos el intercambio y solicitamos expongan a modo de informe relatando: lugar, día, hora, personas, contexto… describiendo la situación discriminatoria como tal.

- Se entregan diarios y revistas para buscar en ellos situaciones de discriminación agrupándolas en diferencias individuales, grupales según corresponda, por ejemplo: raza, pensamiento, barrio, vestimenta…

- La discriminación afecta uno de los derechos del hombre, por qué y en qué.

La declaración de los derechos humanos será presentada a modo de consulta.

- Los grupos deberán elegir una realidad de las trabajadas y plantear formas de solución.

- Todos compartirán opiniones sobre las decisiones tomadas y las darán a conocer a modo de noticiero radial.

NUESTRA REFLEXION . . . .

En la convivencia social para la construcción del bien común es necesario tener en cuenta principios, normas y leyes.

Los derechos humanos forman parte de la historia humana, son de todos y nos debieran interesar a todos.

Los derechos nos muestran lo que podemos hacer, lo que nadie nos puede prohibir y lo que tenemos que poner en acción entre todos. En realidad todos tenemos derecho a vivir como sentimos y pensamos siempre que no perjudiquemos a otro.

Sabemos que hasta en la tierra lo bueno se mezcla con lo malo y que en nuestra propia carne sentimos vibraciones de bien y de mal, por lo tanto será conveniente cultivar lo bueno a fin de enderezar lo malo y no terminar confundidos.

Para enriquecernos desde las diferencias debemos
ejercitar la capacidad de convivir...

RADARES: AGUA QUE NO HAS DE BEBER

RECURSOS MATERIALES:
- material periodístico que ponemos a consideración
- lo que se elija a partir de la propuesta.

RECURSOS HUMANOS:
ansias de buscar soluciones en situaciones difíciles.

PARA QUE:
ejercer procedimientos democráticos de elección y de decisión. Reconocer y apreciar procesos para la solución de hechos en la vida.

PROPUESTA:

PRIMER MOMENTO: preparación de la dinámica

• Se invita al grupo a formar comisiones de investigación y acción, repartiendo previamente la información periodística.

• Cada comisión armará encuestas preguntando a pares y personas de distinta edad:

* ¿Conoces algún lugar con aguas contaminadas, cuál?

* ¿Por qué crees que las aguas contaminadas afectan a casi la mitad de la población mundial?

* ¿Qué solución buscarías?

Esto a modo de sugerencia, cada uno autogestionará la encuesta.

SEGUNDO MOMENTO: realización de la dinámica

• El grupo cuenta ahora con cantidad de causas y posibilidades de resolución.

Seguramente causas y posibilidades cercanas o lejanas, posibles, factibles y/o ideales.

• Surge el dilema:

Entendemos por dilema: alternativa, opción, disyuntiva, dificultad, argumento que presenta una realidad con dos posibles proposiciones.

Facilitamos a los componentes de grupo nombres de organismos que defienden los derechos humanos en Argentina y en el mundo a fin de discernir si alguno de ellos podrían escuchar nuestras peticiones e interceder por soluciones.

Como por ejemplo:

- Liga Argentina por los derechos del hombre (Liga).
- Asamblea permanente de derechos humanos (A.P.T.H).
- Movimiento ecuménico por los derechos humanos (M.E.D.T.)
- Centro estudios legales y sociales (C.E.L.S.)
- Servicio Paz y Justicia (S.E.R.P.A.S.)
- Organización de las Naciones Unidas (O.N.U.)
- Fondo de las Naciones Unidas para la Infancia (U.N.I.C.E.F.)
- Comisión interamericana de derechos humanos (C.I.D.H.)
- Corte internacional de derechos humanos.

NOMINA DE AUTORIDADES

• Municipales: se ocupan de las cosas del municipio. En cada provincia hay muchos municipios.

* Poder ejecutivo: intendente municipal: aprueba o rechaza ordenanzas que dicta el Consejo Deliberante.

    El intendente elige a sus secretarios:

        Secretario de economía

        Secretario de gobierno

        Secretario obras y servicios públicos

        Secretario de cultura

        Secretario de salud

* Poder legislativo: Consejo Deliberante: está formado por concejales: deliberan y dictan ordenanzas relativas a asuntos del municipio.

    Por ejemplo:
- arreglar calles
- atender la salud
- cuidar niños y ancianos
- tránsito
- higiene
- presupuesto
- impuestos.

* Poder judicial: tribunal de faltas: sancionan a los que no cumplen ordenanzas.

* Y si seguimos pensando en autoridades; presidente, gobernadores, ministros, diputados, senadores...

TERCER MOMENTO:

* Las comisiones cuentan con distintas alternativas.

- dirigirse con petitorios a organismos nacionales e internacionales.

- apelar a las autoridades más cercanas solicitando remedio a la contaminación existente en el radio del municipio o provincia.

- publicar en algunos medios de comunicación local llamados a la reflexión; ya que el primero y más importante de todos los derechos es el derecho a la vida.

CUARTO MOMENTO:

* Llega la posibilidad de toma de decisiones.

Para establecer una red de soluciones será conveniente debatir las acciones más eficaces.

QUINTO MOMENTO:

* Las acciones deben estar enmarcadas dentro de las posibilidades de factibilidad de los hechos.

NUESTRA REFLEXION ....

Lo primero que pensamos es que muchas veces tomamos con poca seriedad los planteos ecológicos. Más aún, hablamos de ecología como de una nueva moda sin que afecte aspectos a resolver.

Los problemas ecológicos hacen referencia al primero y más importante de los derechos: el derecho a la vida.

No siempre escuchamos todas las voces, o confiamos más en la tecnología como tal, que en la sabiduría que surge de la experiencia.

Ilustro la reflexión con dos testimonios:

• La jactancia científica y tecnológica de los países desarrollados ha tenido que inclinar su cabeza ante la irrebatibilidad práctica de los conocimientos tradicionales, insustituibles para un adecuado manejo sostenible de los recursos naturales amenazados. (A.S.M. 1992).

Esto nos lleva a considerar la trascendencia de las tecnologías nativas. Desde el punto de vista de la eficacia, también la vieja sabiduría de occidente debe reconocer sus limitaciones. El conocimiento popular es siempre útil para manejar adecuadamente el medio ambiente y enriquecerlo con los avances de la ciencia. Sin el respeto a los otros en todas sus dimensiones, sin descubrir que los demás tienen capacidad para encontrar sus caminos, sin amar la libertad, no es posible avanzar si no es hacia la exclusión. (Actas del IV Simposio sobre la relectura del pensamiento de San Agustín).

Cuando dejamos de considerar desde la vida a algunos de sus componentes, estamos excluyendo, estamos discriminando y más aún, estamos permitiendo la muerte como lo demuestra el artículo que tomamos como punto de partida.

"25 mil personas mueren todos los días en el planeta

por utilizar agua contaminada".

"Las actividades humanas representan una amenaza creciente contra la potabilidad del agua".

Toda democracia supone la participación
de cada ciudadano
y cada grupo social en el diseño
y práctica de su propio desarrollo.

RECURSOS NATURALES
Agua que no has de beber

La escasez y la contaminación del agua dulce afectan a casi la mitad de la población mundial. La falta de controles y de sistemas sanitarios adecuados en los países en vías de desarrollo son las principales causas de un problema que ya no tiene fronteras.

La carencia de agua segura que vienen sufriendo más de dos mil millones de personas se ha convertido en uno de los principales problemas mundiales de salud pública. Por paradojal que parezca, el agua, que es fuente y sustento de vida, se ha transformado en el criminal más peligroso del planeta: unas 25.000 personas mueren todos los días por utilizarla.

Casi la mitad de la población mundial, especialmente los habitantes de países pobres o los grupos pobres de los países desarrollados, padecen enfermedades vinculadas con un suministro cada vez más escaso y contaminado de agua dulce.

Si bien existen enfermedades producidas por la escasez y otras por la contaminación del agua, ambos grupos tienden a asociarse, especialmente en zonas áridas y secas, donde los vertidos industriales, las aguas residuales y los desechos agrícolas y urbanos suelen superar la capacidad de cursos de agua debilitados, incapaces de disolver la materia degradable y diluir la no degradable.

> 25mil personas mueren todos los días en el planeta por utilizar agua contaminada.

La situación de la calidad del agua se torna crítica en los países en desarrollo, donde se verifica falta de controles de vertidos industriales y ausencia de alcantarillas, desagües de tormentas y plantas depuradoras.

Las enfermedades de mayor morbimortalidad relacionadas con el agua son las infecciosas. Los contaminantes biológicos que las causan incluyen una enorme variedad de bacterias, virus, protozoarios, gusanos, insectores vectores y huéspedes intermediarios de los ciclos reproductivos de microorganismos parásitos.

La actividad humana ha añadido contaminación química de amenaza creciente. Los niveles elevados de nitratos en el agua para beber pueden tener consecuencias graves -incluso mortales-, especialmente en niños menores de seis años. El uso irracional de pesticidas, en muchos casos de bajísima degradabilidad, ha contaminado aguas superficiales y profundas en prácticamente todo el mundo, ha arruinado ecosistemas y ha transformado el agua dulce en una bebida nociva para la salud. Y el vertido inescrupuloso de metales pesados y otros productos peligrosos de uso industrial ha dejado los principales cursos de agua del mundo sin vida, ha diezmado la vida en los mares y ha ocasionado al hombre una enormidad de padecimientos tóxicos y malignos.

En las próximas ediciones detallaremos cuáles son esas enfermedades, para que podamos prevenirnos antes de que sea demasiado tarde.

> Las actividades humanas representan una amenaza creciente contra la potabilidad del agua.

Alberto Tolcachier

Vicepresidente de la Sociedad Argentina de Medicina Ambiental. Miembro de la Red Global de Epidemiología Ambiental de la Organización Mundial de la Salud

Planeta Verde - Green Planet - febrero de 1999.

Centro psicopedagógico El Arbol- revista dedicada a la comunidad, año II, número 6, 1999.

Centro psicopedagógico El Arbol- revista dedicada a la comunidad, año II, número 6, 1999.

El agua contaminada es una de las principales causas de mortalidad infantil en regiones de total pobreza.

UN CACIQUE PREOCUPADO POR EL MEDIO AMBIENTE

Ignacio Prafil (29) es el *onco* (cacique) de la comunidad mapuche Fvta Anekon y es uno de los miembros de la Coordinadora del Parlamento Mapuche de Río Negro. En noviembre estuvo presente en la Cumbre internacional sobre Cambio Climático, donde interpretó cantos de su comunidad y explicó el significado de los instrumentos que tocó: "cada uno tiene una función específica", señaló al improvisado público que se constituyó rápidamente.

Primero usó el *cultrum*, una caja esférica de cuero musical, "redonda como el planeta", hecha con madera de lenga y semillas en su interior, utilizada en todas las ceremonias. Luego, el palo de lluvia o de agua, un instrumento que suena con una leve vibración del brazo y sirve para armonizar y equilibrar la vida. Después fue el turno del *trombe*, un instrumento con sonido ancestral que sirve para que los enamorados se comuniquen con su propia energía.

Finalmente, Prafil interpretó "una canción para mantener la unidad abajo, en la Tierra, y arriba, en el cielo, y para dar energía para el debate a los representantes de cada país".

Durante la actuación aborigen, en una pancarta lateral se podía leer: "Los pueblos indígenas estamos vivos. No más contaminación al medio ambiente".

"Las organizaciones no gubernamentales (ONGs) y las comunidades indígenas no pueden participar en el debate sobre el cambio climático, tal vez porque les resultamos molestos", se lamentó Prafil, lo que no les impedirá seguir luchando a favor del medio ambiente.

Planeta Verde - Green Planet - febrero de 1999.

LOS NIÑOS TAMBIEN TIENEN DERECHOS

RECURSOS MATERIALES:
-esquela con viñetas para cada niño.

RECURSOS HUMANOS:
deseos de compartir

PARA QUE:
identificar situaciones contrarias o favorables a la vida del niño desde sus derechos

PROPUESTA:

• Se forman grupos con cuatro miembros o seis.
• A cada uno se le entrega una esquela con el siguiente material:

Lee lo que dice y escribe lo que sientes:

Un adulto dice a un niño:

¿A qué año vas?
¿Te sacás buenas notas?

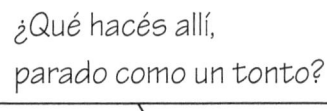

¿Qué hacés allí, parado como un tonto?

Siento ....

Siento ....

Después de escribir, comparten en el grupo lo que sienten.

• Luego se plantea: ¿Alguien tiene derecho de tratar así a un niño? Sí. No ¿Por qué?

• Entre todos conversan el significado de tener derechos.

• Por grupos escriben: ¿qué le dirían a un adulto que cree que mandar quiere decir: "mandar sobre los que son menos"?

Invitamos a dramatizar lo escrito.

NUESTRA REFLEXION . . . .

Nosotros pensamos que todos tenemos derechos por ser personas. No importa si se está en el útero materno, si se tienen tres años, diez o cincuenta años. Todos somos humanos más allá de ser grandes o chicos.

> "El niño no es una botella que hay que llenar,
> sino un fuego que es preciso encender."
> Montaigne

TODOS SOMOS COMPLICES

RECURSOS MATERIALES:
-testimonios
-papeles grandes
-tizas de color o marcadores
-derechos de los niños

RECURSOS HUMANOS:
deseos de superación

PARA QUE:
-Valoración de procedimientos democráticos de elección y decisión.
-Identificar situaciones favorables o contrarias a los derechos del niño.

PROPUESTA:

• Se reúne el grupo ubicándose en semicírculo

• En un lugar bien visible se escriben los tres testimonios con letra clara preferentemente de distinto color: (según la edad se puede entregar el material complementario adjunto).

> Juan tiene 10 años
> trabaja de cadete, lleva los pedidos al mercadito
> yo le dije: "No vayas más, te pagan muy poco.
> Por cuatro horas tan sólo un peso.
> Pero Juan dice que: "Algo es algo"
> ¿Cuál es tu opinión?

Cuando mi mamá viene del trabajo, a las 11 de la noche,
en la estación Once siempre ve pibes chiquitos
que abren las puertas de los taxis por una moneda.
Después juntan las propinas y salen corriendo
para comprar algo para comer. ¿Por qué te parece que pasa esto?

**Andrés vive pegando en la escuela.
Cuando te quiere decir algo,
te da un empujón.
¿Qué le habrá pasado para ser así?**

• Los presentes leen los testimonios y buscan respuestas para alguno de los ejemplos.

• Conversan las respuestas y las escriben debajo de los testimonios.

• Todos reciben los derechos del niño escritos y de a dos eligen uno que corresponda a algún testimonio. Buscan la manera de expresarlo con mímica y así lo hacen ante los restantes miembros del grupo.

• Entre todos adivinan de qué derecho se trata y reflexionan cómo no ser cómplices de tal situación.

NUESTRA REFLEXION ....

Son los datos que a continuación proporcionamos tan contundentes que creemos que no es necesario agregar palabra. Con el material se podría emprender alguna campaña de concientización en el barrio, la escuela o la familia.

> "Todo lo que haces a otro,
> lo haces también a ti mismo".
> Fromm

CONVENCION DE LOS DERECHOS DEL NIÑO
UNICEF

Todos los niños y niñas del mundo tienen:

Derecho a la igualdad sin distinción de raza, credo, nacionalidad, posición económica y social.

Derecho a una protección especial para su desarrollo físico, mental y social.

Derecho a un nombre y una nacionalidad.

Derecho a disfrutar de alimentación, vivienda, recreación y servicios médicos adecuados.

Derecho a una educación y cuidados especiales para el niño física o mentalmente impedido.

Derecho a recibir comprensión y amor por parte de los padres y de la sociedad.

Derecho a recibir educación gratuita y obligatoria.

Derecho a disfrutar plenamente de juegos y recreación.

Derecho a ser el primero en recibir ayuda en caso de desastre.

Derecho a ser protegido contra el abandono y la explotación en el trabajo.

Derecho a formarse en un espíritu de solidaridad, comprensión, tolerancia, amistad entre los pueblos.

Actualidad

LOS NIÑOS SON NUESTRO FUTURO

El niño golpeado

El maltrato infantil por adultos está condicionado en gran medida por el valor que cada sociedad le da a la vida y al rol del niño, independientemente del nivel cultural que haya alcanzado en su grupo social.

De este modo, nos encontramos con esta triste realidad en los más diversos países. En Alemania se estima que 1.000 niños fallecen anualmente por esta causa y que 4.000 quedan con secuelas graves. En Francia se calcula que entre 25.000 y 40.000 son víctimas de maltrato cada año, estimándose en 1.000 el número de muertes anuales por esta causa. En Gran Bretaña se ha establecido que 1 de cada 1.000 niños menores de 4 años sufre anualmente el castigo físico y abuso severo, con una tasa de mortalidad del 10%. En Estados Unidos de Norteamérica, se han señalado 1.600.000 casos anuales, de los que fallecen 2.000.

En Argentina, no se dispone actualmente de cifras que revelen en forma fidedigna la magnitud del problema de los niños sometidos a maltrato por parte de los adultos que los tienen a su cargo. Se trata de una realidad que comúnmente se oculta en la intimidad del hogar y que pocos se atreven a denunciar.

(Fuente: Sergio Cerna, svd, Revista "Misión" - Chile, N° 95)

Esclavos del Trabajo

Una reciente encuesta de la Organización del Trabajo (OIT) calcula que hay 73.000 millones de menores trabajadores. UNICEF amplía la cifra a 250 millones si se suman los menores de 14 años económicamente activos. La mayoría vive en Asia. En Africa trabaja uno de cada tres niños y en América Latina, uno por cada cinco.

Por desgracia, éste no es un caso aislado. De los 250 millones de niños y niñas trabajadores, prácticamente la mitad, 120 millones, lo hacen en situaciones de explotación extrema, con jornadas de hasta 16 horas, salarios muy bajos que les impiden salir de la marginación, condiciones de insalubridad, exceso de responsabilidad, prostitución e imposibilidad de acceder a la educación.

Asia cuenta con 61% de los niños trabajadores de los países del Sur y sólo en India lo hacen más que en toda América Latina. En Africa trabaja uno de cada tres niños, el problema más grave es en Malí y Burkina Faso, donde trabaja la mitad de la población infantil, mientras en Uganda, Nigeria, Etiopía, Burundi y Kenia lo hace el 40%. En América Latina las cifras más altas son en Haití, con 25% y en Guatemala, Brasil y República Dominicana, con más de 16%.

En el sector de servicios se agrupan niñas y niños que trabajan en el servicio doméstico, en la industria turística, la prostitución y en la calle. En Brasil, 22% de los empleados domésticos son menores. En India, las empleadas del hogar son niñas entre 12 y 15 años. Estos pequeños no tienen derechos legales y son víctimas de abusos físicos y sexuales.

Los niños de la calle, además de trabajar en ella, muchas veces también viven y mueren ahí. Su labor se centra principalmente en el comercio ambulante, limpieza de zapatos, transporte, cuidado de automóviles, incluso venta de droga.

El turismo sexual aumenta alarmantemente, incluyendo la pornografía y la prostitución, sobre todo en Asia, donde un millón de menores sufren esta situación. Cabe señalar que los "consumidores" principales son europeos y estadounidenses.

Niños Soldados

Más de 300 mil niños participan como soldados en los diferentes conflictos armados en el mundo. Por eso la Cruz Roja inició una campaña para informar y concientizar a la sociedad sobre la necesidad de prohibir la participación en combate de menores de 18 años.

Los niños en las guerras quedan abandonados a su suerte. El miedo a la soledad o el hambre los hace "presa fácil" para el reclutamiento. Poseer un arma puede servirles para comer o para sentirse prepotentes. Son muy pequeños para comprender las secuelas que les quedarán si sobreviven a los combates.

Su situación es grave especialmente en Africa y en Asia, donde se ha detectado en la lucha a menores de 12 años. En Sudán, por ejemplo, el Ejército de Liberación del Pueblo Sudanés secuestra a cientos de niños para integrarlos en sus filas. En Liberia, en la última guerra, el Frente Patriótico Nacional contaba con unidades infantiles, compuestas por niños de 9 y 10 años, aunque un observador de la Cruz Roja comprobó la presencia de niños de 7 años.

Niñas para divertir a los soldados

Las menores son 10% de los niños soldados en el mundo. Casi siempre ingresan contra su voluntad para prestar servicios sexuales a la tropa. Su corta edad representa una garantía contra el sida y las enfermedades venéreas.

Dos millones de muertos

Desde 1980, se calcula que más de 2 millones de niños han muerto en los conflictos armados y entre 4 y 5 millones sufren discapacidades como consecuencia de la acción bélica.

Ampliar y mejorar la educación

A juicio de los expertos, la mejor forma de frenar el problema es ampliando y mejorando la educación. Esta puede liberar a los niños trabajadores y evitar que otros sean explotados. Por esta razón, el informe de UNICEF sobre el estado mundial de la infancia, invita a los gobiernos a que den un giro a las prioridades nacionales e internacionales y aseguren que los pequeños tengan acceso a una educación básica de buena calidad.

Actualmente, 140 millones de niños en edad escolar no van a la escuela. Muchos de ellos acuden diariamente a su trabajo y, algunos, desempeñando tareas riesgosas. Miles se esfuerzan por compaginar la exigencia del trabajo con la asistencia a la escuela.

Lograr la escolarización de todos los niños del mundo para el año 2000, supondría un costo de 6 mil millones de dólares más sobre los gastos que actualmente se destinan a la educación. Esta cifra puede parecer desorbitada, pero no resulta imposible si tomamos en cuenta que dicha suma apenas supone el uno por ciento de lo que el mundo gasta anualmente en armamento. Se trata de una elección económica

La solución está en manos de todos

La solución del problema de la explotación infantil está, por así decirlo, en manos de todos. La UNICEF dirige un llamado a los ciudadanos del mundo para tomar conciencia de esta injusticia, comprometiéndose en la lucha por su erradicación. Al fin y al cabo, "todos somos cómplices de la infancia maltratada".

Las niñas y los niños, decimos, son nuestro futuro, pero ciertamente si no los cuidamos y rechazamos toda esa violencia contra ellos, nuestro futuro será muy corto. Comprometámonos para que se les haga justicia.

El niño de hoy vive casi al alcance de la voz de los niños más lejanos, gracias a los medios de comunicación social y a la mezcla de las gentes de los distintos pueblos. El niño, con su fe y su entusiasmo, puede llegar a ser realmente misionero de esperanza, acá en su tierra y más allá de sus fronteras.

250 millones de niños trabajan en condiciones miserables

Aberrante: según un informe de la OIT, aún hay esclavitud infantil; la explotación sexual de menores ha aumentado; el 61 por ciento de los casos de trabajo abusivo se encuentra en Asia.

GINEBRA. Aproximadamente 250 millones de niños, de entre 5 y 14 años, trabajan bajo condiciones miserables, principalmente en los países en desarrollo, según un informe de la Organización Internacional del Trabajo (OIT) que se hizo público hoy.

El estudio revela la existencia aún de la esclavitud y hace hincapié en el auge de la explotación sexual de los menores, todo ello derivado de la pobreza en la que viven ellos y sus familias.

La cifra duplica la anterior estimación, hecha en 1995, aunque "no significa una agravación del problema, sino un mejor conocimiento de la situación y el empleo de nueva metodología", explicó Michel Hansenne, director de la OIT.

De los 250 millones de niños explotados, 120 lo hacen a tiempo completo y el resto a tiempo parcial.

El 61 por ciento de los trabajadores infantiles, cerca de unos 153 millones, se encuentran en Asia; un 32 por ciento, aproximadamente 80 millones, en Africa, y un 7 por ciento, que representa 17,5 millones en América Latina.

En los países desarrollados

Assefa Bequele, uno de los responsables del informe y experto de la OIT, aseguró que "aunque el problema del trabajo infantil se da principalmente en los países en desarrollo, también se han descubierto bolsones en los países industrializados".

El experto citó entre ellos a Estados Unidos, Italia, España, Portugal y Gran Bretaña, donde principalmente se trata de niños que trabajan en la agricultura.

El documento describe en forma pormenorizada y por sectores las condiciones y graves consecuencias que el trabajo tiene para la salud física y mental de los niños.

En un primer apartado se encuentra lo que Hansenn calificó de "formas intolerables" de trabajo infantil, como la esclavitud, la prostitución y el tráfico de niños.

La OIT indica que todavía hay niños que son vendidos por sus familias a cambio de dinero y empleados en la agricultura, el tejido de alfombras, la fabricación de vidrio o la prostitución.

Este tipo de esclavitud ha sido identificado especialmente en el sur y sudeste asiático y en Africa occidental.

La Nación 12-11-96

Esto no es un juego, ni una dinámica, es para reflexión de nosotros los adultos

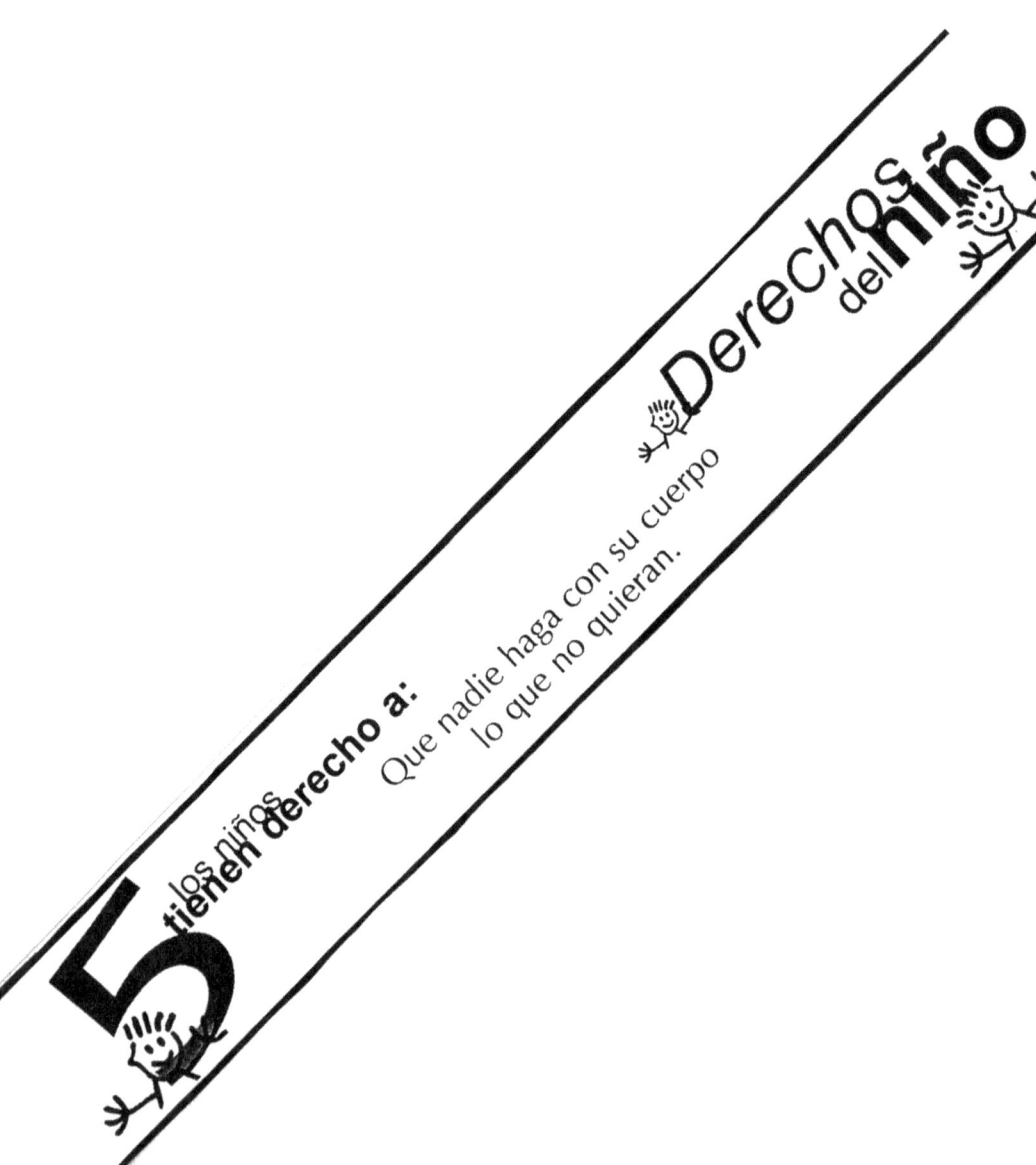

Derechos del niño

5 los niños tienen derecho a: Que nadie haga con su cuerpo lo que no quieran.

TODOS DEBERIAMOS SABER:

"Las cosas del comer"

Para pensarlo....

LAS COSAS

por Amanda López Molina
Psicóloga especializada en trastornos alimentarios

"DEMASIADO CAPRICHOSO"

¿Los niños caprichosos se hacen, o nacen?

...Las comidas que nos gustan y que no nos gustan guardan relación con nuestras costumbres y expectativas.

Muchas de las manías que tienen los niños a ciertas comidas provienen de la actitud y el ejemplo de otras personas. Las manías en las comidas se deben muy raramente a profundas aversiones innatas que están presentes en el momento de nacer y que no cambian durante el resto de la vida. Normalmente, las manías se deben a costumbres y hábitos sociales.

¿Cómo se crean las manías a ciertas comidas?

Es fácil observar y pensar que si un niño escupe la comida es porque no le gusta o porque es alérgico a ella. El modo en que los padres reaccionan a este rechazo tan temprano puede ser decisivo ya que sienta un precedente para futuras manías con respecto a la comida.

Si los padres piensan, o dicen, cualquiera de las siguientes frases muy frecuentemente, los gustos y aversiones a la comida empezarán a desarrollarse pronto:

¿"Oh cariño, te disgusta mi comida?"

"Te daré la comida que quieras para que estés contento."

"Me siento molesto cuando no te gusta mi comida."

"Me preocupo por tu salud si no comes todo lo que te doy."

"Me preocupa que estés perdiendo peso."

"Si no comes correctamente me pondré de mal humor."

"Aquí tienes algo de comer que te gusta, a ver si te estás callado."

Estas reacciones con niños muy quisquillosos son normales. Todos las tenemos y los problemas pueden empezar a desarrollarse si las repetimos una y otra vez. Los niños se dan cuenta pronto del poder que tiene sobre otra gente el hecho de comer y el modo de hacerlo. Incluso los niños pequeños llegan a darse cuenta de esta posibilidad de usar la comida para influir en sus padres -quizá porque en este momento del desarrollo sus emociones mantienen una relación muy estrecha con la de sus padres.

DEL COMER

Las manías a ciertos alimentos son uno de los problemas diarios de la infancia. En la forma de dar y recibir la comida se expresan y se gestan las relaciones entre hijos y padres. Muchas veces se transforman en campos de batalla...

ALGUNAS PREGUNTAS PARA MASTICAR

...Quizás te resulte útil preguntarte lo siguiente:

"¿Hay algo que esté mal en la comida?"

"¿Le pasa algo a mi hijo?"

"¿Me pasa algo a mí?"

Si no hay nada que esté mal, puede que tu hijo haya descubierto que al rechazar la comida consigue un cuidado y atención extra. (...) Pero los niños descubren que pueden captar de nuevo la atención si causan problemas a la hora de comer. Si esta situación dura un año o dos, tu hijo tendrá mucha práctica a rechazar la comida y se convertirá finalmente en un niño exigente y caprichoso con la comida.

(...) Pero es mucho más complicado (...) ya que hay otros factores que se han de tener en cuenta, tales como:

Alergia a las comidas. Una de las alergias más comunes se debe a la leche de vaca, pero algunas otras comidas y aditivos pueden producir reacciones alérgicas que pueden ser el motivo por el que al niño no le satisfaga determinado gusto de comida.

"EL NENE NO ME COME"

Los padres y sus hijos utilizan la comida como una forma de comunicación y un modo de controlarse unos a otros:

El padre controla al niño:

"si eres bueno, te daré un caramelo"

"tendrás que permanecer sentado ahí hasta que te lo hayas comido todo".

"te daré más comida para que sepas cuánto te quiero".

"por favor, cómetelo, o me harás enfadar".

"me has puesto de tal mal humor que no te daré la merienda".

El niño controla al padre

"estoy enfadado contigo; no me comeré mi cena".

"creo que comeré muy despacio para atraer vuestra atención".

"os haré enfadar si me niego a comer correctamente".

"os haré felices si me como toda la comida que me dais e incluso más, aunque esto signifique que me ponga gordo".

En muchos casos las manías a ciertas comidas se desarrollan como resultado de la combinación de dos factores importantes:

la tendencia natural a evitar cualquier comida nueva que sea diferente en textura, sabor, olor o aspecto.

la comida utilizada como "mensaje" o como "arma" de la comunicación entre los padres y el niño.

Recuerda que tu hijo tiene la última palabra en lo que come.

No hay modo de forzar a una persona a comer en contra de su voluntad.

Finalmente, procura evitar peleas con respecto a la comida. No hay forma alguna de que puedas vencer.

El objetivo es conseguir que la hora de la comida sea una experiencia divertida para todos en lugar de un campo de batalla con ganadores y perdedores.

Pearce, John: Comer: manías y caprichos, Barcelona, Paidós, 1995. La razón por la cual publicamos este material, es que aunque podamos acordar completamente o no, con el Dr. Pearce en toda su metodología, lo que sí acordamos es en que es de vital importancia prevenir distorsiones en las relaciones existentes entre la comida y los sentimientos; y verdad es que el Dr. Pearce "ha puesto sobre la mesa" muchas de las cuestiones básicas sobre el asunto.

Este profesor de la Universidad de Nottingham nos da sus respuestas en este libro recomendado para padres, maestros, pediatras, nutricionistas y todos aquellos interesados en las "cosas del comer". Lic. Amanda Lopez Molina - Presidenta FUMTADIP

Centro psicopedagógico, Revista El Arbol, año II, número 7

Y VAMOS A LAS GRANDES PEQUEÑAS COSAS

RECURSOS MATERIALES:
una tarjeta por equipo

RECURSOS HUMANOS:
actitud de tolerancia desde lo lúdico

PARA QUE:
respetar la diversidad de valoraciones entre personas y grupos cercanos.

PROPUESTA:

• Reunimos al grupo en ronda.

• Tal como se han ubicado cada cuatro o seis personas entregamos una tarjeta con expresiones prejuiciosas. La cantidad de personas depende del número total, aunque aconsejamos trabajar con grupos pequeños.

• Las tarjetas dicen:

> es un negro

> ¡qué mojigata!

> Cosas de mujeres

> Las mujeres pinesan poco

> Los varones no lloran.

• Cada grupo es invitado a reflexionar:

* ¿Qué sienten al escuchar estas expresiones?

* ¿Qué puede pensar quien las escucha?

* ¿Qué harían ustedes si las escuchasen y se sintieran involucrados?

• Con el argumento de respuesta sugerimos armar por grupo una representación, donde aparezca el sentimiento de tolerancia como eje de las mismas.

• Presentamos las representaciones que serán tituladas por los asistentes.

NUESTRA REFLEXION ....

Según el diccionario los sinónimos de prejuicio son: aprensión,
    error,
    manía,
    obsecación,
    prevención,
    recelo,
    juicio u
    opinión de algo antes de tener verdadero
    conocimiento de ello.

Prejuicio: actitud discriminatoria hacia otras personas.
Necesariamente el prejuicio nace de una falta de consideración del otro como persona.

En la dignidad de la persona se basa el derecho a la vida, a la libertad individual y el derecho a no ser perseguido por razones de discriminación o de intolerancia.

El respeto a la persona, en la convivencia diaria, necesita de un mínimo de reconocimiento del otro para ejercitar la democracia como tal.

Cada uno forja el modo de ser libre, cada uno es libre o no, nadie puede suplirnos en esto. Amando es únicamente como nos entendemos o como se entiende la gente. Se ha instalado en la sociedad de tal forma la mentira que desconfiamos de todos; por lo tanto hasta de nosotros mismos. Es necesario reconquistar en nosotros y en los otros esos espacios de amor que nos dan suficiente confianza como para recorrer caminos juntos y en tolerancia unos de otros.

"Ponerte en el lugar del otro es hacer un esfuerzo de objetividad por ver las cosas como él las ve, no echar al otro y ocupar tú su sitio... O sea que él debe seguir siendo él, y tú tienes que seguir siendo tú..."

Savater

Una carta para responder

RECURSOS MATERIALES:
-carta a Lucía para entregar a cada uno después de leerla.

RECURSOS HUMANOS:
- capacidad para generar actos autónomos

PARA QUE:
Formular alternativas originales de solución ante situaciones problemáticas diferenciando. "Lo bueno de lo malo y distinto."

PROPUESTA:

a. Reunimos al grupo para contarles que muchas veces nos encontramos en situaciones que no sabemos cómo resolver y nos cuesta encontrar una buena respuesta, por lo tanto es necesario ejercitarnos en esto de reflexionar juntos. En este caso queremos leer una carta, es de una chica de 12 años, se llama Agustina.

b. Solicitamos que uno de los que conforman el grupo la lea:

Paraná, 25 de julio

Querida Lucía

Estoy muy preocupada. Paso a contarte. A mí se me ocurren cosas que todos critican, dicen siempre los adultos que todos somos iguales, pero yo me siento distinta. A veces me fastidio por esto, quisiera ser de verdad igual que todos, pero siento que no lo soy. En realidad mis padres me dicen que yo no soy lo que esperaban y a esto se añade la maestra, que a diario me contesta: "Marta, ¿siempre con tus ocurrencias? ¿Cuándo vas a crecer, madurar?" Y, de verdad, yo no sé qué hacer. Si hablar con la maestra, tengo miedo; con mis padres, pero ¿entenderán?

Por ahora sos mi consejera, ¿qué harías en mi lugar? ¿te parece que tengo que cambiar mi manera de ser? ¿De decir las cosas? ¿Quién tiene que cambiar?

Tampoco entiendo mucho lo de madurar, porque crecer crezco. Mirá, la ropa me queda chica, también los zapatos y las zapatillas: creo que crecer es ser más grande. Pero yo no puedo apurar los años, y los días son de 24 horas. Me pregunto si es malo ser distinta, me parece que sí.

Bueno Lucía, me desahogué, ¿me podés ayudar? Un beso. Contestame pronto.

P.D. Ah, no le cuentes a nadie lo que me pasa.

c. Formamos grupos según afinidad tratando de resolver la situación, para esto formulamos algunos interrogantes como sugerencia.

Si ustedes reciben la carta y se ponen en el lugar de Lucía:

¿Qué les parece que siente?

¿Qué debería hacer ella en ese momento y por qué?

¿Qué harían ustedes en su lugar? ¿Por qué?

¿A ustedes les parece que es malo ser distinto? Sí, no, a veces, ¿por qué?

d. Luego debatimos entre todos las respuestas posibles.

e. Se llevan a votación las respuestas con el objetivo de propiciar la toma de decisiones, dramatizando aquellas que los implicados elijan.

NUESTRA REFLEXION ....

Es necesario que la persona dialogue sus problemas, a fin de buscar salida a los mismos. Por esto el planteo de buscar consejo. Además es conveniente reflexionar sobre la posibilidad de potenciar lo diferente, y no encasillar, rotular al otro porque hace o piensa distinto a uno. Por otro lado dejar crecer libremente supone respetar lo distinto de cada uno, sin por esto sentirnos molestos. No es el otro raro, simplemente es distinto cuando su comportamiento siendo bueno, se opone al de costumbre o al propio.

Ser diferente no supone ser más o menos que el otro, sino dentro de la naturaleza humana realizarse, como alguien único e irrepetible. Diferenciarse es apropiarse de la capacidad original, creativa que poseemos.

Tratar a los otros como personas es intentar entenderlas desde dentro. Ponerse en el lugar del otro es en realidad tener en cuenta sus derechos, es ser capaz de no dejarlo sólo a pesar de las diferencias.

Bernard Shaw nos llama la atención con estas palabras "no siempre hagas a los demás lo que desees que te hagan a ti, pueden tener gustos diferentes".

Muchas veces en un grupo no se soporta al diferente, porque su forma de pensar, de hacer, suele resultar un cuestionamiento para el otro. Elegir, aceptar las diferencias -pienso- es sólo el principio de comenzar a amar, pero resulta ser que mientras proclamamos la libertad, la restringimos en el descenso. Comenzar a pensar las pequeñas diferencias que tenemos los seres humanos, puede ser una forma de responsabilizarnos creativamente de los espacios de decisión y resolución que nos atañen.

"Defender y respetar la autonomía implica oponerse a la presión colectiva, presión ejercida por los propios compañeros o pares y también por los medios de comunicación y los mayores. Defender y respetar el diálogo racional implica oponerse a decisiones individualistas que niegan la posibilidad de hablar sobre cuestiones controvertidas... El diálogo racional tiene como fin buscar soluciones aceptables para todos los implicados".

Gustavo Shujman

¿YO? ¿TU? ¿EL? ¿NOSOTROS?

RECURSOS MATERIALES:
- normas de juego
- prendas humanizadoras

RECURSOS HUMANOS:
una bolsa de ingenio y disposiciones para identificar al otro.

PARA QUE:
Diferenciar los procesos psíquicos base de la persona y comprender los factores que intervienen en la toma de decisiones.

PROPUESTA:

1. El coordinador reúne al grupo -preferentemente lo hace ubicar en ronda- y les explica las normas del juego.

2. Conocidas las mismas se solicita un voluntario, quien se dirigirá a un lugar distinto.

3. Mientras este permanece fuera, el resto elegirá a la persona que será motivo de reconocimiento.

4. Se hace pasar al voluntario, quien para identificar realizará:

-dos preguntas referidas a aspectos físicos

-dos preguntas relativas al modo de ser de las personas considerando:

* lo que se siente:

emociones, deseos, miedos, conflictos, agresividad, autoestima, desvalorización, roles, reacciones frente al amor, dolor, muerte...

* lo que se piensa:

    modo de percibir, recordar, imaginar

* lo que se quiere y hace.

Pedirá a un participante del equipo que muestre sólo con gestos algo que lo caracterice.

5. Después de darse todo el proceso que permitirá la identificación, sólo podrán arriesgarse dos nombres.

6. La persona que no cumpliese con las normas, tendrá como sanción una prenda humanizadora.

NUESTRA REFLEXION ....

Al decir persona estamos aludiendo a la singularidad que proviene de la naturaleza física, psíquica y espiritual de todo ser humano. El hecho de hacer reconocer los distintos aspectos mediante el juego, permite trabajar con el significado, más que con definiciones o conceptos carentes de vivencias, además se pretende intensificar de esta forma el diálogo racional.

La persona necesita del otro, la alteridad lo ayuda a desplegar su potencial a través de la interacción con otros, en contextos formales o informales.

Llamamos identidad a la capacidad de autorreconocerse y autoestimarse como alguien singular fuente de derechos y deberes y a su vez la capacidad de pertenencia a un grupo compartiendo historia, valores y proyectos comunes. La identidad pertenece a cada uno y también se forja como identidad colectiva.

No todos los momentos de nuestra vida son gratos, pero es necesario que los asumamos a todos. Es en el interior donde se trabaja lo que aparece.

PRENDAS HUMANIZADORAS

- Hablar como una persona fina
- Hablar como una persona educada
- Caminar como una persona sin prejuicios
- Reír como una persona falsa

- Justificarse abundantemente por algo no hecho
- Dar tus razones por las cuales uno puede ser feliz
- DRAMATIZAR:
  - "Lo que más te gusta hacer en la vida."
  - "Lo que menos te gusta hacer en la casa."
  - "Cuando suena el despertador."
  - "Un pedido de permiso difícil de acordar con los padres."
  - "Lo que siento ante la mentira."
  - "Lo que siento ante la burla."
  - "En la vida sí, pero no."
  - "Lo que pienso cuando nadie da la cara."
  - "La T.V. chupete electrónico."
  - "El peor día del año."
  - "La unión hace la fuerza."
  - "Uno para todos y todos para cada uno."
  - "Nadie tiene derecho a maltratarme."

Francesco Tonucci, el especialista italiano, vino a la Argentina para hablar en la Feria del Libro. 4-5-99, Diario La Nación

"La escuela termina aburriendo a los chicos"

No es un cantante pop, ni una estrella del fútbol, ni un artista de cine. Ninguna de las figuras que, de acuerdo con la experiencia más frecuente, podrían convocar a 13.000 personas a reunirse en un estadio.

Pero él lo hizo. Ocurrió hace 3 años en Salta y el protagonista de la hazaña fue el pedagogo italiano Francesco Tonucci, quien reconoce que haber logrado que la educación se convirtiera, siquiera por un día, en "pasión de multitudes" es una experiencia única.

Los organizadores -la Secretaría de Educación provincial- habían contratado un teatro para su conferencia y tuvieron que devolverlo para conseguir a último momento un estadio, al comprobar que la convocatoria los había desbordado.

"El gerente del polideportivo estaba realmente desconcertado", ironiza el pedagogo. Largas colas de docentes, alumnos y padres llegados desde varias provincias se habían congregado para escucharlo.

Aunque lo de Salta no es un hecho aislado, ya que en todas sus charlas y seminarios, tanto en Buenos Aires como en las ciudades del interior que visita, el público sigue con entusiasmo sus ideas y propuestas innovadoras, enriquecidas por la experiencia recogida en las aulas

Ojos de maestro

Tonucci vive en Roma, está casado, tiene 3 hijos y un nieto de 10 años. Su formación es filosófica-pedagógica, pero también es psicólogo. Trabaja desde 1966 en el Instituto de Psicología del Consejo Nacional de Investigaciones de Italia, el equivalente al Conicet. Es autor de libros que aquí han alcanzado gran difusión, como "Con ojos de niño", "Niño se nace", "Cómo ser niño", "¿Enseñar o aprender?" y "Con ojos de maestro".

Cree que la educación debe ser una experiencia compartida entre los padres, los niños y los maestros, pero el problema, dice, es que hoy la escuela se considera a sí misma una variable independiente, que da a todos lo mismo, para después medir cómo aprovechó cada uno lo recibido, "y eso no puede ser".

-¿Por qué?

-La escuela se funda en la idea de que todos los niños son iguales, porque se presume que son iguales a cero, que no saben nada y que vienen a la escuela a aprender y que aprenden del maestro, que es el que sabe y propone a todos lo mismo. En esta concepción, la inteligencia es un vaso vacío que se llena por superposición de conocimientos, y de allí nace toda la preocupación del programa escolar y de su cumplimiento. Y, por eso, evaluar es medir cuánto se ha llenado ese vaso vacío. Pero esto no se corresponde con una realidad, donde la diversidad es el material básico del trabajo escolar, que parte de los conocimientos que los niños ya tienen. Entenderlo así es interesante porque significa que la idea o el modelo de inteligencia que se trabaja en la escuela no es más un vacío que se llena, sino que es un "lleno" que se trabaja por "reestructuración".

-Usted ha hablado mucho del aburrimiento escolar, un tema muy actual. ¿Cómo combatirlo?

-Lamentablemente, creo que está muy relacionado con la falta de formación profesional. Se trata del problema más grave de la docencia en todas partes. La defensa de un maestro con poca formación es la de abroquelarse tras la máscara del que todo lo sabe. Entonces, la escuela que ofrece es una escuela de transmisión, que siempre propone y nunca escucha. Una actitud de ataque, que condena al niño a defenderse, a recibir pasivamente.

-¿Qué pasa con los chicos?

-Esta escuela termina aburriéndolos. Pero se adaptan. Hacen lo mismo en casa, frente a la incapacidad de los adultos de comprenderlos. Entonces se quedan solos, se encierran y van buscando otros medios para integrarse al mundo, como los amigos, la computadora, los videos, la radio, los diarios. Son sus mecanismo de defensa.

-La escuela hoy tiene el monopolio de la educación. ¿No debería ser un lugar integrador, para todos?

-En las últimas décadas, la escuela ha tomado el monopolio de la educación. La familia pasó de un modelo patriarcal abierto al celular cerrado, y ha ido perdiendo seguridad en el campo educativo. Hoy las familias piden a la escuela que dé más y que compense las deficiencias familiares y sociales. La escuela es lugar de socialización, de recuperación, de expansión física y deportiva, aparte de ser el único lugar donde es posible dejar a los niños con seguridad.

-¿Pero ha ido perdiendo su función primaria?

-Su función de ser sede de elaboración cultural, de desarrollo de competencias cognitivas, de aprendizaje en situaciones de grupo, acaba pasando a segundo plano, mientras crece la exposición de los niños a los medios de comunicación, que pueden ofrecerle documentos e información mucho más interesantes, creíbles y actualizados que los contenidos de los libros de texto.

-¿Qué propone usted?

-Si queremos que vuelva a ser una importante institución, la escuela obligatoria debe ser capaz de poner a disposición de todos sus alumnos los instrumentos fundamentales para un conocimiento consciente, actualizado y crítico de la realidad. Debe saber ofrecer las motivaciones, las competencias y los instrumentos que servirán también mañana, cuando los niños de hoy deban poner a prueba los beneficios de esta escuela que les estamos ofreciendo.

Carmen María Ramos

LA FIESTA DE PRIMULA

RECURSOS MATERIALES:
Cuento: Fiesta de Prímula (Carlos Durán)

RECURSOS HUMANOS:
disposición para argumentar y valorar

PARA QUE:
favorecer la reflexión sobre la pertinencia de las razones argumentadas a favor de una afirmación o decisión. Analizar éticamente costumbres y valores.

PROPUESTA:

• Invitar al grupo a sentarse en ronda.

• Se reparte a cada uno de los componentes de equipo una copia del cuento: "Fiesta de Prímula".

• Una vez leído, se propone elegir uno de los siguientes personajes:

-Prímula Ricoltore (15 años)

-padre de Prímula

-madre de Prímula

-fotógrafo

Al elegir personaje se deben buscar argumentos para la defensa de la posición del mismo.

• Pasado un tiempo -ya acordado- el coordinador incentivará espontáneamente el diálogo entre los participantes y la justificación de lo que acontece según la trama del cuento.

• En el caso de que algún personaje no sea elegido, será el coordinador quien lo justifique.

• Después de compartir momentos de intercambio de opiniones, se propondrá ahora plantearse, ¿qué harían ustedes en lugar del personaje elegido?

• La respuesta es individual aunque hayan elegido varios el mismo personaje.

• El juego termina después de que los participantes argumenten sobre el porqué de las decisiones tomadas.

NUESTRA REFLEXION ....

Es bueno pensar sobre el proceso valorativo en la adolescencia. Sabemos que en esta etapa hay consideraciones distintas en cuanto a su cuerpo, padres y compañeros. Se ve a las personas, a la vida, a las cosas no como son en sí, sino como es él.

Experimenta sentimientos que influyen en su valoración:

- inclinación afectiva hacia los otros

- deseos de darse

- alegría desbordante

- depresión y aburrimiento

- fanfarronada, cólera, temores

Surgen conflictos ocasionados por el choque entre impulsos, deseos y valores contrapuestos. Se acentúa la actitud crítica contra todo lo que suponga actividad: familiar, social, religiosa y cultural. Se muestran razonadores, dialécticos y/o polémicos. A veces gozan llevando la contra, les gusta hablar de todo aunque no entiendan nada, además de discutir y dejarse llevar por las sensaciones. No tienen criterios objetivos, son inconformistas por naturaleza, atraídos muchas veces por lo nuevo, extravagante y raro.

El adolescente suele rechazar el valor que en otra ocasión estimó, por ejemplo valores propuestos por los padres y modelos impuestos. Suele calificar de anticuados los valores que hasta hoy adhería.

Nada de esto es innato, en el caso del niño acepta las propuestas de valor de adultos, como si fuesen propias, por esto la responsabilidad de no ofrecer antivalores; porque los tomará como buenos. La estima de lo ofrecido aumenta si se siente amado, porque esto le brinda confianza y seguridad.

La sugerencia lúdica presentada tiene mucho que ver con los valores, y en toda circunstancia se debe favorecer el descubrimiento por sí mismo cualquiera fuese la edad.

Creemos que la actividad lúdica desde esa perspectiva favorece estos espacios en torno a la toma de decisión. Para que haya una respuesta axiológica, será necesaria una propuesta axiológica, un espacio de apropiación desde el interior, como condición de aprendizaje de valores.

> "Es necesario una verdadera apertura interior
> a las diferencias por parte de los que enseñan, para que
> cada uno pueda recorrer su propio camino de descubrimiento
> valorativo, sin presiones ni sanciones ocultas."
> F. Onetto

FIESTA DE PRIMULA

C. Durán

Había una vez una chica que se llamaba Prímula Ricoltore y estaba a punto de cumplir quince años. Un sábado, durante la sobremesa, anunció su decisión al matrimonio Ricoltore:

–Mamá, papá. Para mis quince necesito una fiesta como se usa ahora.

El señor y la señora Ricoltore se miraron llenos de presagios; mientras acomodaba y desacomodaba unas migas de pan sobre la mesa, el papá dijo visiblemente asustado:

–Nena… tesorito… una fiesta de ésas cuesta un ojo de la cara…

Al oír aquel siniestro comentario, Prímula frunció el ceño y dijo con obstinación de mula:

–Yo quiero una fiesta completa de quince. ¡Qué tanto! Todas mis compañeras del cole tienen, ¿y yo no? ¿Qué van a decir mis amigas? Necesito mi fiesta porque si no me muero.

Fue una fatídica sobremesa que ni siquiera pudo disiparse encendiendo el televisor. El matrimonio se fue al dormitorio, hizo la señal de la cruz, sacó punta a un lápiz y empezó a hacer cuentas.

Los veinte días que faltaban para el cumpleaños pasaron entre cálculos de suma, resta, multiplicación y división. Los padres se iban poniendo cada día más mustios; la nena iba poniéndose cada vez más rabiosa.

La pareja Ricoltore sudó la gota gorda averiguando precios razonables para el regalo, el salón, la confitería, el vestido, el fotógrafo, el servicio de audio, el disc-jockey, los souvenirs, la torta y varios etcéteras, que siempre son los detalles imprevistos de último momento.

Una mañana Prímula preguntó taconeando:

—¿Cómo nada más que un fotógrafo? ¡A todas mis amigas les han filmado un video…!

—Pero eso, nena… ¿cuánto nos va a costar? —preguntó la mamá, mientras disimuladamente se tragaba una pastilla para los nervios. —¿A vos te parece, con lo que gana tu padre?

—¡Un video es para toda la vida! Lo que pasa es que vos, vas a pasar a la historia como una tacaña y una amargada!

—¡No te permito, pedazo de mocosa, que hables así a tu madre…! —gritó el señor Ricoltore, que según parece todavía no había tomado la pastilla.

Esto bastó para que ahí nomás se organizara una gresca —¿por qué será que las grescas no requieren tanta preparación, como las fiestas?—; en la discusión salieron a relucir trapitos al Sol de todos colores y de todas las épocas. Al triple ataque de nervios se sumó un derrame de bilis, una taquicardia y una urticaria gigante, varios portazos y un clima de desastre que daban ganas de cambiarse de familia.

Esa noche, después del aislamiento y más que nada porque las papas quemaban y estaban a pocos días de la celebración, hubo una reconciliación traída de los pelos y el diálogo se restableció con unos monosílabos aislados.

Una vez abierta —entreabierta, digamos— la comunicación, la hija preguntó como al pasar, sin advertir que estaba zapateando sobre un terreno lleno de explosivos:

—¿Y mi torta? Será como me la imagino, ¿no?

—Claro, tesoro… —dijo la madre cual cordero que va directo al matadero—. Como salía muy cara, te la hago yo.

Esta revelación operó como si a Prímula le hubieran conectado un cable pelado justo al final de su graciosa anatomía. Olvidó la paz familiar recién remendada y saltó como leche hervida:

—Una tortita... ¡casera! ¿Una de planta baja, así nomás? ¿Y la muñeca de tul en la punta? ¿Y los tres pisos? ¿Y las cintas con sorpresas?

A un milímetro de trenzarse nuevamente en una turbulencia peor que la de mediodía consiguieron frenar.

Pero al día siguiente:

—¿Cómo que mi vestido lo hace la modistia de la otra cuadra? Yo quiero uno sin breteles, con un moño por acá, y dos moños ahí...

—¿Sabés cuánto cuesta eso?

—¡Ustedes en lo único que piensan es en el dinero!

—¿Y en qué íbamos a pensar, si no?

—¡Ustedes nunca me van a entender!

—Vos tampoco, hija...

Así se fueron precipitando más acontecimientos borrascosos:

- el salón era una morondanga;
- el vestido apenas tenía un moño;
- el servicio de confitería no incluía cena.

Finalmente el día de la celebración se precipitó como esos huracanes del Caribe que se anuncian con puntualidad de minutos y kilómetros de empuje.

Entre sedantes, detalles imprevistos y entripados sin resolver, la mala sangre familiar fue espesándose.

Cuando llegó el día de la fiesta la atmósfera casera estaba resquebrajada: pura chispa, relámpago y trueno. Cada uno desayunó a escondidas de los otros, dos o tres pastillas contra los nervios; de este modo hacia la tarde experimentaban un no sé qué entre babieca y jocoso a pesar del drama. Como si navegaran en un mar de vaselina.

A Prímula se le llenaban los ojos de lágrimas por cualquier detalle al que pasaba revista; los padres cerraban los ojos tratando de no pensar.

El clima de matorral se fue enmarañando hacia el anochecer: a la hija se le torcía el moño, el dedo meñique se le escapaba por entre las tiras del zapato izquierdo, se pisaba un tul, se le desacomodaba un rulo y se le deslizaba el escote sin breteles.

–Por qué te movés así, hija… Parecés hemipléjica…

–¿Y qué voy a hacer? Se me corre el arreglo floral que me cosieron en el peinado…

De pronto llamaron por teléfono. Atendió el padre. Le anunciaron:

–¿Ustedes quieren el servicio de lunch en el salón de fiestas? ¡Haberlo avisado, señor! Va a tener que pagar el flete, porque la confitería no lo lleva gratis.

Don Ricoltore apretó las mandíbulas y murmuró:

–En plena fiesta me da un infarto… ¡Seguro!

Fue al dormitorio a contarle a su mujer; la encontró despatarrada sobre la cama. Parecía borracho y estaba a medio vestir.

–¿Cuántas pastillas te tomaste…? No te habrás suicidado… –habló el señor Ricoltore, mientras sacudía a su consorte y oía el timbre de la calle. Prímula se asomó para avisar:

–¡Es el auto para llevarnos al salón de fiestas…!

Desparramaron a la señora como quien acomoda una bolsa de papas. Y en el momento de arrancar se les coló un extraño individuo:

–Soy el fotógrafo. Arranquen, nomás.

Este tecnológico personaje sería a partir de aquel momento el único propietario de la celebración, porque solamente él conocía qué pasos debían darse en una fiesta de quince, y en qué orden. El fotógrafo era el experto, el técnico en momentos especiales registrables con la cámara.

-Llegamos -dijo el chofer.

Iban a bajar, pero el fotógrafo los detuvo en seco. -¡Ojo con bajar sin permiso! Hay que fotografiar cuando ella baja. A ver, señor: póngase del lado de afuera, abriéndole la portezuela. Y usted, niña, saque el pie, ponga la mano así, asómese, ¡sonría feliz!

Estaban por entrar al salón, cuando nuevamente el fotógrafo se les interpuso.

-¡Paren ahí! Usted, vamos. Tome a la chica por el brazo. Usted desaparezca, señora. Acomódese el moño caído, ponga cara de sorprendida y alegre. ¡A ver, niña…! Algo natural…

Una vez adentro los Ricoltore enfilaron derechamente a saludar a la parentela, pero el fotógrafo lo impidió terminantemente.

-Rapidito, hay que tomar el brindis.

-¿Ya?

-Voy atrasado.

-Pero…

-Lo hacemos con las copas vacías. Por mí, después brinden cuando quieran. Rapidito, que tengo un casamiento…

Relampagueó el flash, y los Ricoltore salieron disparados a abrazar a la tía Enriqueta, de quien estaban distanciados hacía tiempo. Pero el hombre del flash opinó contrariamente:

-Hay que hacer el corte de la torta.

-Nos gustaría una foto con la tía…

-La tía después, y si queda tiempo. Ahora apriétense todos atrás de la tarde. ¡Cuidado, que la derrumban…!

Prímula sospechó que su fiesta de quince se había convertido en un álbum de fotografías. Este hombre de la cámara frenaba toda la libertad que puede florecer en una fiesta de veras.

—Llame a sus amigas íntimas. Vamos, vamos...

—Es que... necesito ir al baño... —se disculpó Prímula con un hilo de voz y roja de vergüenza.

—Al baño me va después. Ahora junte a sus amigas... Va foto.

Pero providencialmente el cuadriculado de tanta eficiencia se desencuadró gracias a la ley de gravedad. Al señor fotógrafo se le cayó la máquina de fotos justo cuando pasaba el tío Goliat, quien le plantó el pie encima y la despachurró sin remedio.

—Mecachis. Se me veló el rollo. No hay más remedio que empezar todo de nuevo.

—Pero, ¿y con qué máquina?

—Con una que tengo en mi casa. Voy a buscarla.

—Pero, ¿y mi fiesta?

—Lo mismo que mi máquina: en arreglo. Voy a mi casa y vuelvo. Eso sí: acá nadie hace nada hasta que yo no vuelva. Nada de vals, nada de tirar las cintas... ¡nada! No se muevan.

Entonces la fiesta se detuvo como si se tratara de una fotografía. Había que esperar que volviera el fotógrafo; no era cuestión de improvisar en algo tan alegre.

Pero al autito del fotógrafo lo chocó de frente el colectivo 87, el que va para José León Suárez, de modo que el singular personaje nunca llegó a su casa ni pudo volver a desalmidonar la fiesta de los Ricoltore. Hubo que internarlo en terapia intensiva en el hospital Zubizarreta.

Entretanto, en el salón de fiestas la situación inmóvil no tardó en revelar su condición antinatural y grotesca. Poco a poco fueron cayendo en la cuenta de que aquel lugar de estatuas debía asumir su verdadera y perdida condición festiva. Porque celebración es fiesta, y fiesta es alegría, y la alegría no debe impedírsele a nadie, sobre todo porque hay tan poca en esta vida. La alegría no debe escamoteársele a nadie por más prolijidad que uno persiga, so pena de cometer el pecado basal, que es el de la soberbia.

Prímula se espió de reojo en un espejo, y se vio tan estándard que se tuvo piedad. Por fin respiró hondo; acababa de decidir su liberación.

Se descosió el arreglo floral de la cabeza, se arrancó el moño, hizo un nudo en el tul sobre el escote, y anunció la buena noticia cuando ya nadie esperaba nada auténtico.

-Parientes, amigos, queridos invitados; ¿me ayudan a inventar mi fiesta? ¿Se animan?

En medio del aplauso, los vivas y la música, se quitó los zapatos, los tiró por el aire y se largó a bailar completamente descalza.

Vuelve a empezar

Aunque sientas el cansancio
Aunque el triunfo te abandone
Aunque un error te lastime
Aunque una traición te hiera
Aunque una ilusión se apague
Aunque el dolor queme tus ojos
Aunque ignoren tus esfuerzos
Aunque la ingratitud sea la paga
Aunque la incomprensión corte tu risa
Aunque todo parezca nada...
¡VUELVE A EMPEZAR!

Cecilia Precioso

QUIERO CONSTRUIR

RECURSOS MATERIALES:
-cassette de música, papel y lápiz.

RECURSOS HUMANOS:
capacidad para imaginar realidades.

PARA QUE:
formular alternativas originales de solución ante situaciones problemáticas de mayor complejidad.

PROPUESTA:

• El grupo es dividido en pequeños grupos según afinidad.

• Para ambientar se puede colocar música, bajar la potencia de la luz e invitarlos a cerrar los ojos.

• Se les propone desde la imaginación construir: una escuela, una ciudad, un centro bailable, un complejo deportivo, o...

• Elegida una propuesta -en forma individual- caracterizan la construcción elegida.

• Comparten lo elegido y buscan entre los miembros del grupo, para cada construcción cuatro valores que no pueden faltar para crecer en la construcción de...

• Muestran utilizando el cuerpo -la forma a elección- la construcción de... con los correspondientes valores.

NUESTRA REFLEXION . . . .

En la medida que la persona haga, invente, conciba algo que resulte nuevo para ella misma, puede decirse que ha consumado un acto creativo. Tomamos creatividad como la capacidad del ser humano de producir resultados de pensamiento de cualquier índole, que sean esencialmente nuevos y que eran previamente desconocidos a quien los produjo... La creatividad puede implicar la generación de nuevos sistemas y combinaciones, como así mismo la transferencia de relaciones conocidas a nuevas situaciones y el establecimiento de nuevas correlaciones.

De esta forma se favorece el trabajo a partir de ideas propias, acompañando actividades divergentes con convergentes. Es así que el pensamiento creativo crece a partir del diálogo revisando el discernir de cada uno e impidiendo imposiciones.

El compromiso, el trabajo a reloj y la rutina -entre otros- son factores que cooperan a la falta de creatividad; además existen prejuicios ante el comportamiento creativo, a menudo se lo equipara con anormalidad o se lo rechaza con observaciones irónicas y burlonas.

El hecho de incluir los valores desde la búsqueda original lleva a recorrer nuevas posibilidades desde el descubrimiento axiológico personal y grupal.

> La meta de las actividades creadoras no será la obra
> (el cuadro, la escultura o la construcción) sino el
> enriquecimiento de la expresión.
> Arno Stern- Pierre Duquet

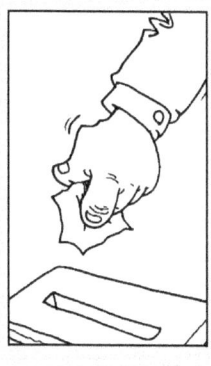

DECIDIR

RECURSOS MATERIALES:
material impreso con roles posibles a la acción del grupo.

RECURSOS HUMANOS:
capacidad para participar.

PARA QUE:
ejercitar procedimientos democráticos de elección y decisión.

PROPUESTA:

• Es beneficioso colocar a todos los integrantes del grupo en ronda.

• Es necesario que exista un mínimo de conocimiento entre los componentes del grupo para que puedan elegir votando al representante que -según ellos- tenga cualidades para coordinar una reunión.

• El tema a tratar tiene que ser significativo para todos los presentes; por lo tanto interesar. Puede ser ficticio o real, con ocasión de algún evento próximo, por ejemplo.

• El animador de grupo entrega a cada uno de los presentes un rol factible de desempeñar -escrito- con características pertinentes.

• Se posibilita tiempo para que cada uno elabore su rol y pueda expresarlo.

• El coordinador de grupo inicia la reunión según la temática elegida, en la que cada uno tratará de ser fiel a su rol.

- Terminado el tiempo propuesto, entre todos evaluarán la conducción y logros desde los roles designados y asumidos.

- Conviene que la duración no sea extensa.

- Según los resultados, ahora se podría proponer otra reunión desempeñando cada uno su propio rol para comparar con la situación anterior y sacar conclusiones.

NUESTRA REFLEXION

Hay una cierta relación entre la estructura de la personalidad y los roles desempeñados en el grupo. Algunos favorecen y otros dificultan la acción grupal, por lo tanto es bueno reflexionarlos para mejorar algunas modalidades que puedan ser corregidas desde la toma de conciencia.

Los límites pueden surgir desde nosotros o desde los otros, identificando las tareas de cada uno.

Desde los roles se manifiesta la manera de intervenir en los trabajos grupales, las formas en que cada uno decide presentarse y participar.

Todo hace a la formación del hábito a la participación en la vida democrática.

"Participar no significa simplemente colaborar con el cumplimiento de tareas definidas por otros, sino compartir un proceso que abarca desde la identificación de los problemas y la definición de objetivos comunes hasta la organización de las tareas y la evaluación de lo realizado."
CBC. Ministerio de Cultura y Educación - 1996

ROLES DESEMPEÑADOS EN EL GRUPO

Hay una cierta relación entre la estructura de la personalidad y los roles desempeñados en el grupo. Las consideraciones que vamos a hacer aquí, ayudarán para comprender mejor algunas cualidades que todos tenemos y que son roles "facilitantes" a la acción del grupo; pero también tenemos que mejorar algunas modalidades nuestras que no contribuyen a la acción grupal.

Muchos de los roles "facilitantes" pueden ser aprendidos; muchos de los roles no positivos pueden ser corregidos.

El iniciador: es propio de personas de iniciativa que sugieren y proponen nuevas ideas. sugiere procedimientos, problemas o temas de discusión; propone soluciones alternativas; es el hombre de las ideas.

El alentador: es el que estimula al grupo a una acción o a una decisión; es entusiasta y amistoso. Estimula al grupo hacia una actividad "mayor" o de "calidad superior". Alaba, está de acuerdo con otros y acepta sus contribuciones. Es entusiasta y amistoso, buen compañero y solidario en su actitud hacia los otros miembros del grupo, otorga encomios y alabanzas y de diversas maneras denota comprensión y aceptación de otros puntos de vista, ideas y sugestiones.

El activador: impulsa al grupo hacia la adopción de decisiones, insiste en el cumplimiento de lo propuesto e induce a la acción (busca concretar la acción).

El opinante: aporta su creencia u opinión sobre los problemas o cuestiones que se tratan.

El interrogador: formula preguntas, busca la orientación o la aclaración, solicita informaciones o repeticiones para sí o para el grupo; pide también información autorizada y los hechos pertinentes al problema en discusión; es crítico constructivo.

El informante: da información, presenta hechos o generalizaciones que tienen autoridad o relata sus propias experiencias que se relacionan atinadamente con el problema del grupo.

El conciliador: hace de mediador entre las diferentes opiniones de los miembros, intenta reconciliar los desacuerdos, alivia la tensión en situaciones de conflicto reduciendo la tensión, haciendo chistes y ocurrencias en los momentos oportunos.

El compendiador: reúne las ideas, las sugestiones y los comentarios de los integrantes del grupo, y las decisiones para ayudar a determinar dónde está el grupo en su proceso de opinión o acción.

El integrador y coordinador: aclara las relaciones entre las diversas ideas y sugestiones, intenta extraer ideas claves de las diferentes contribuciones de los miembros e integrarlas en un todo significativo. También puede intentar al coordinar integrar las actividades de diversos miembros o subgrupos.

El orientador: define la posición del grupo con respecto a sus objetivos, los puntos en que se aparta de las direcciones o de los objetivos sobre los cuales había habido desacuerdo, o hace preguntas respecto a la dirección que toma la discusión del grupo.

El que evalúa y critica: somete el logro del grupo a algún conjunto de normas de funcionamiento grupal en el contexto de la tarea del grupo. Así, puede evaluar o poner en duda la "factibilidad", la "lógica", los "hechos" o el "procedimiento" de una sugestión o de algún aspecto que se discute en el grupo.

El transigente: actúa en un conflicto en que sus ideas o su posición está comprometida. Puede ofrecer una transacción cediendo status, admitiendo su error, disciplinándose para mantener la armonía del grupo, o cediendo en parte para ponerse de acuerdo con el grupo.

El técnico en procedimientos: acelera el movimiento del grupo haciendo cosas para el grupo, realizando tareas rutinarias, por ejemplo, distribuyendo materiales, manipulando objetos, disponiendo las sillas en una nueva posición, trabajando con los grabadores, etc.

El registrador: anota las sugestiones, las decisiones del grupo, o el resultado de la discusión. Quienes tienen esta "cualidad", son personas muy aptas para desempeñarse como secretarios.

El facilitador: intenta mantener abiertas las vías de comunicación alentando la participación de otros ("aún no tenemos las ideas del señor X"), o proponiéndose regular el curso de las comunicaciones ("¿Por qué no limitamos la extensión de nuestras contribuciones de manera que todos tengan ocasión de participar?").

El seguidor pasivo: acompaña el movimiento del grupo aceptando, más o menos pasivamente las ideas de los otros, sirviendo de auditorio en la discusión y decisión grupal.

El dominador: intenta afirmar su autoridad o su superioridad manipulando al grupo o a ciertos integrantes. Interrumpe, se embarca en largos monólogos, es superafirmativo y superdogmático, trata de dirigir al grupo, es autocrático.

El negativista u obstructor: rechaza ideas, adopta una actitud negativa respecto de las cuestiones, discute en momentos inoportunos, es pesimista y se niega a colaborar. Se opone sistemáticamente, con razón o sin ella ("no sé de qué se trata, pero me opongo"). Reabre un tema o discusión, después que el grupo ha decidido no tratarlo o darlo por terminado.

El desertor: se retrae de alguna manera, es indiferente, se mantiene apartado, es excesivamente formal, cuchichea con otros, se aparta del tema o habla sobre su propia experiencia sin que ésta esté relacionada con la discusión del grupo.

El agresor: lucha por su posición, se jacta, critica o censura a los demás, trata de llamar la atención, es hostil al grupo o a algunas personas. Reduce el status de los otros, expresando desaprobación de los valores y de las acciones de los demás. Muestra envidia hacia la contribución de los otros y tratando que se lo reconozca como autor. El agresor es una de las personas más nefastas en un grupo.

El obstinado: ignora sistemáticamente el punto de vista de los demás. No quiere aprender nada de los otros.

El charlatán: habla de todos, con ocasión y sin ella, en tema o fuera de tema y de ordinario no deja intervenir a los otros. Aun cuando diga cosas importantes, debe controlarse.

El señor "sabelotodo": es el que cree que se las sabe todas; quiere imponer su opinión a todos. Puede estar efectivamente bien informado o ser un simple charlatán. Por lo común "choca" con el resto del grupo.

El tipo de ideas fijas: tiene manías y las repite sin cesar. Cuando está "embalado" habla de ellas interminablemente. Es monotemático.

SEÑALES VIALES

RECURSOS MATERIALES:
un juego de cartas cada cuatro personas.

RECURSOS HUMANOS:
disposición al respeto.

PARA QUE:
para aprender señales viales que nos ayudan al buen tránsito, respetando normas.

PROPUESTA:

• Es un simple juego de cartas que consiste en encontrar el igual, sabiendo previamente el significado de la señal vial que se presenta.

¿Cómo se juega?

• Se agrupan las personas, pueden ser cuatro los integrantes del mismo.

• Cada grupo posee un mazo de cartas.

• En cada vuelta, cada uno recibe tres cartas.

• Cada vuelta comienza nuevamente cuando alguien no tiene más cartas, o cuando teniendo cartas no hay más posibilidades de continuar según los pasos que a continuación detallaremos.

• En cada mano, una por vez, puede bajar una carta diciendo previamente qué significa.

Pasos:

-se baja la carta

-se dice el significado

-si se tiene el igual se pone sobre la anterior y se dan ambas vuelta.

-si por el contrario otro participante tiene la misma carta, deberá dársela al primero y éste ponerla sobre la anterior y darla vuelta.

-de no tener nadie la misma carta igualmente permanece en el lugar de quien la bajó, esperando a la vista su par.

• Terminadas todas las cartas del mazo del centro de la mesa, ganará quien posea más cartas pares bajadas.

NOTA: si no sabe el significado de la señal perderá el turno.

NUESTRA REFLEXION ....

La actividad lúdica supone en este caso el aprendizaje y respeto de normas para el buen desarrollo del juego. Las normas actúan como reguladoras de la convivencia social.

Saber el significado de las señales viales o aprenderlo por medio del juego permite reconocer la función de las mismas en la vida desde la organización.

"La validez de la norma alude a su carácter razonable
para muchos interlocutores".

F. Onetto

SEÑALES VERTICALES INFORMATIVAS

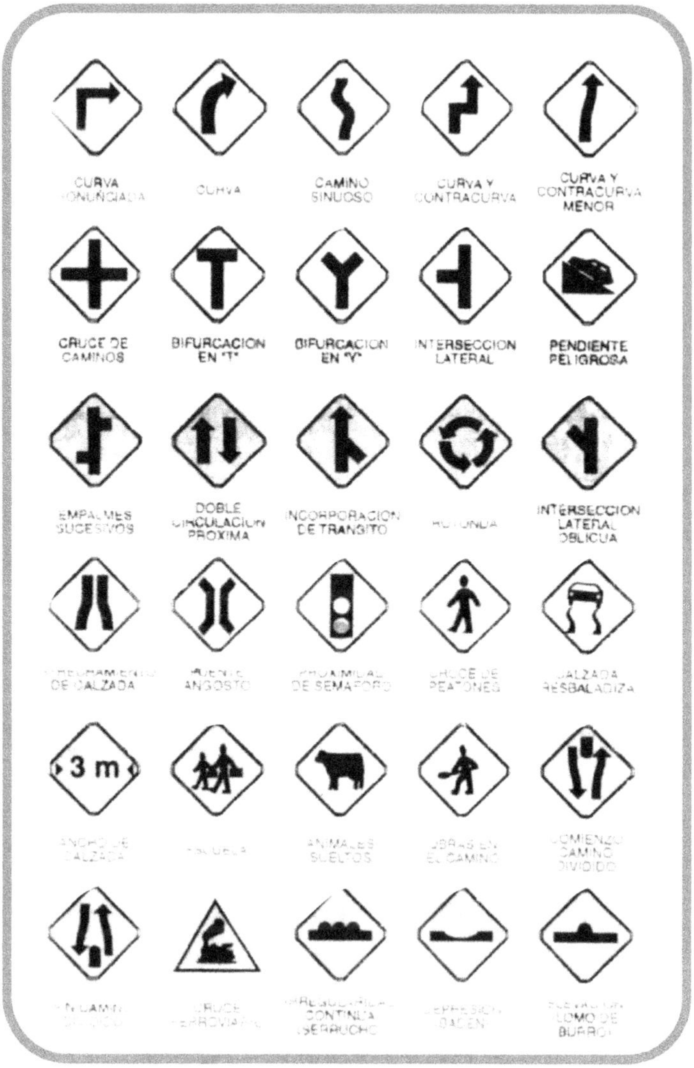

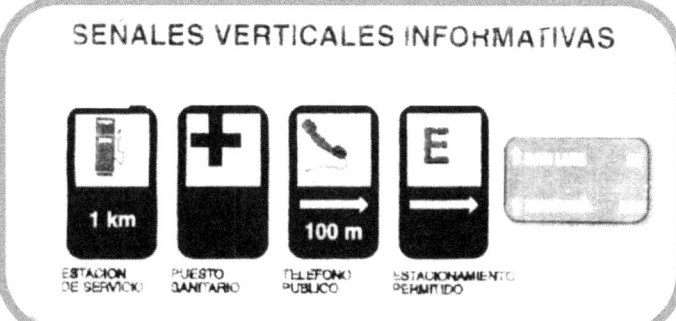

SEÑALES VERTICALES REGLAMENTARIAS

DETENCION OBLIGATORIA — CEDA EL PASO — NO ENTRE — PROHIBIDO GIRO EN "U" — PROHIBIDO GIRO A LA IZQUIERDA

PROHIBIDO GIRO A LA DERECHA — NO AVANCE — ESTACIONAMIENTO Y DETENCION PROHIBIDOS — ESTACIONAMIENTO PROHIBIDO — ESTACIONAMIENTO RESTRIGIDO

VELOCIDAD MINIMA — VELOCIDAD MAXIMA — PROHIBIDO TOCAR BOCINA — CONSERVE SU DERECHA — PESO MAXIMO

PROHIBIDO CIRCULACION AUTOMOVILES — PROHIBIDO TRANSITO PESADO — PROHIBIDO CIRCULACION OMNIBUS — PROHIBIDO ADELANTARSE — PROHIBIDO CIRCULACION BICICLETAS

SEÑALES REGLAMENTARIAS DE CIRCULACION

DIRECCION OBLIGATORIA — DIRECCION OBLIGATORIA — DOBLE SENTIDO DE CIRCULACION

GIRO A LA DERECHA — GIRO A LA IZQUIERDA — ROTONDA

SEÑALES LUMINOSAS

¿QUIEN ES QUIEN?

RECURSOS MATERIALES:
-lápiz, papel, cinta adhesiva y algo para escribir.

RECURSOS HUMANOS:
interés por el otro.

PARA QUE: reconocimiento de la propia identidad como pertenencia a un grupo y a una historia.

PROPUESTA:

• Conviene que el grupo se siente en ronda, para que todos se vean.

• Se elige por consenso o votación un integrante para que pase al centro y otro para averiguar su identidad.

• Al que está en el centro se le pegará sobre la frente con cinta adhesiva o en la espalda, un papel con el nombre que deberá descubrir en el transcurso del juego.

• De a uno, todos aportarán datos y/o referencias de la persona cuyo nombre debe descubrirse, quien al escuchar deberá decir verdadero o falso, a la vez que tomará nota de lo expuesto.

• Cuando el grupo no tenga más aspectos a ofrecer, la persona que se encuentra en el centro escribirá hasta tres nombres como última posibilidad a acertar.

• Descubierto o no el nombre todos reflexionarán:

-lo aportado: ¿son características que muestran al otro desde lo físico y sus cualidades?

NUESTRA REFLEXION . . . .

Es necesario descubrir el significado del nombre, reconocer las diferencias, ya que todos somos distintos:

¿En qué nos parecemos?

¿En qué nos diferenciamos?

Saber que quien nace debe ser inmediatamente registrado, con su nombre y nacionalidad (es esto un derecho).

Así como nos diferenciamos, tenemos cosas en común, por ejemplo:

    -nuestro país tiene un nombre

    -todos los habitantes de nuestro país somos argentinos

    -Por lo tanto todos tenemos identidad y nacionalidad.

"Identidad, capacidad de la persona de autorreconocerse y autoestimarse como un sujeto individual y singular, fuente de derechos y deberes... es también la capacidad de reconocer y estimar su pertenencia a una colectividad con la que comparte historia, valores y proyectos comunes, constituyéndose una identidad colectiva, en permanente proceso de construcción. Ambas dimensiones de la identidad están en continua relación y se condicionan mutuamente".
C.B.C. Segundo ciclo. Ministerio de Cultura y Educación de la Nación" 1996

SOBRE EL TEMA DE LA INSEGURIDAD ¿QUE NOS DICE FRANCISCO TONUCCI?

"Si una ciudad es adecuada para los niños será adecuada para todos."

"Si los chicos pueden estar en la calle, vuelven más segura la ciudad."

(La ciudad de los niños. Tonucci. Clarín 4 de mayo de 1999)

VIOLENCIA, ¿POR QUE?

RECURSOS MATERIALES:
Recortes periodísticos sobre hechos de violencia

RECURSOS HUMANOS:
capacidad para respetar

PARA QUE:
identificar situaciones contrarias o favorables a los derechos humanos, en la familia, comunidad local, provincial y nacional.

PROPUESTA:

• Los presentes se dividen en grupo de cuatro a seis personas.

• El coordinador ha llevado recortes periodísticos donde se narran situaciones de violencia tanto en la familia, en instituciones y/o en la calle.

• La información se deja sobre la mesa.

• Cada equipo elige un recorte para leer y analizar teniendo en cuenta:

-hecho violento

-protagonistas

-lugar del hecho

-posibles medidas preventivas

-posibles causas

-marco legal

-consecuencias

• Se sacan conclusiones a partir de los hechos y se transfieren a la familia, la escuela, los amigos y/o los compañeros.

• Esas conclusiones se verbalizarán en forma concreta considerando la relación con la propia vida. Por ejemplo:

En la semana Zulema no hizo nada en casa.

Mamá le negó salir el sábado.

Ella insultó a su madre por la determinación tomada.

• Estas conclusiones se representarán de la manera que el grupo decida.

• Al cabo de las representaciones se conversará sobre:

¿Qué sintieron cuando realizaban la representación?

Como espectador, ¿cuál fue tu reacción?

¿Qué soluciones constructivas se pueden buscar a las situaciones planteadas?

NUESTRA REFLEXION ....

Muy a menudo hablamos de nuestros derechos y se olvida que los derechos de uno, implican también derechos de los otros.

"La violencia no se redime cambiando de víctima,
sino superándola a través de una nueva vivencia y de una nueva
armonía con toda la realidad."
Merino

"En la dignidad de la persona se basa el derecho a la vida y
a la libertad individual, de conciencia, de pensamiento, de religión,
de expresión, de asociación, a no ser perseguido, no excluido por
ninguna forma de discriminación o de intolerancia."
C.B.C. Segundo ciclo.
Ministerio de Cultura y Educación. 1996

EL AVARO

RECURSOS MATERIALES:
Fábula: El avaro, de Esopo

RECURSOS HUMANOS:
disposición a renovar lo que no permita el buen vivir.

PARA QUE:
valorar positivamente el disfrutar de la vida.

PROPUESTA:

• Los presentes forman pequeños grupos, no más de cuatro.

• Se elige en cada grupo un coordinador para que lea la fábula.

• Cada grupo intercambia ideas sobre:

a. ¿El avaro en quién y porqué lo vemos hoy personificado?

b. ¿Quién puede ser el que robó el lingote? Caracterizarlo.

c. ¿A quién percibes como viajero del camino -en tu vida- y en la de otros. ¿Por qué?

d. ¿Qué nos muestra la fábula?

• La conversación debe conducir a encarnar en el hoy la situación que ella presenta. A medida que se dialoga se anotará lo que se dice.

• Las conclusiones serán puestas en común mediante representaciones.

• Si se cree oportuno se podrá sugerir presentar junto a la puesta en común un lema que retome el contenido.

NUESTRA REFLEXION . . . .

La tradición fabulista data del antiguo Egipto y de la tradición cultural asirio-babilónica e india, sin embargo la paternidad en cuanto a género literario-moralista se le atribuye al griego Esopo, y en las composiciones en verso de Fedro y Babrio- este género alcanza verdadera categoría literaria y rescata el ideal humano.

Las acciones y conductas de animales, plantas, hombres, dioses ficticios aunque plausibles, señalan principios orientados hacia el debe ser y el saber, insertados estos en el contexto de la narración o en la moraleja.

¿Quién es Esopo?

Se cree que nació en Frigia, una ciudad del Asia Menor o en Tracia. Fue contemporáneo de Solón, legislador de Atenas y de los siete sabios de Grecia (siglo IV antes de Cristo).

Pequeño de estatura, jorobado y cojo. Padeció la esclavitud y una vez libre se trasladó a la corte de Creso, último rey de Lidia y célebre por sus riquezas. Fue enviado por este a Delfos, donde por haber puesto en ridículo al oráculo, fue injustamente acusado de hurto sacrílego y condenado a ser precipitado por un peñasco.

Escribió según la tradición mítica un gran número de fábulas, muchas de las cuales se han perdido.

¿Qué nos muestra la fábula 'El avaro'?

Que no vale la pena poseer nada si no se disfruta.

La sociedad contemporánea ha logrado grandes adelantos en técnica y ciencia, en medios de comunicación social y ha acortado distancias espaciales. Pero a este gran progreso, no siempre le ha acompañado el progreso espiritual, ético, y humanizante. Hoy asistimos a soledades concentradas en sí mismo, a la cultura de la informática a veces convertida en cifras, a una dinámica de producción y de consumo de donde lo personal y lo ético, los espacios de comunicación no están suficientemente atendidos, porque no rinden ni producen.

En el amanecer del tercer milenio que representa un importante período histórico a favor de los derechos humanos y del mejoramiento de la vida, se siente la necesidad de pasar del anonimato a lo personal, de la masa al individuo, de una vida programada y rutinaria en función de la producción a espacios de creación, comunicación donde se redimensionen y valoren los gestos, las actitudes, los comportamientos cotidianos y las relaciones interpersonales. Hay que saber gozar del ser, buscando opciones más civilizadas.

Si sabes disfrutar de un pequeño espacio contigo mismo, con los otros y con lo trascendente, habrás empezado a renovar tu vida, surgirán nuevas fibras, correrá mejor la sangre por las venas, disfrutarás de la experiencia de la vida interior.

MUNDOETICA - TIERRAETICA

RECURSOS NATURALES:
-recorrido plano, tarjetas con incógnitas y dado.

RECURSOS HUMANOS:
disposición para reconocer

PARA QUE:
identificar los derechos del niño.

PROPUESTA:

• Posibilidades de juego: -sólo, en pareja o de a cuatro personas.

• Si se desarrolla en pareja o en grupo, siempre se consultará antes de contestar.

• Cada uno o cada grupo toma un botón de color distinto u objeto que haga las veces de ficha.

• Se tira por turno el dado.

• Los números salidos al tirar el dado -de mayor a menor- corresponderán al orden en el transcurso del juego.

• Cada vez que se llega a un país, para poder avanzar, deberán sacar una carta del mazo y responder.

• Si la respuesta es la que corresponde se avanza dos lugares, de lo contrario se permanece donde se estaba.

• Cuando se llega a tierra se avanza tres lugares, sin sacar tarjeta y sigue inmediatamente el jugador que corresponde.

• El o los que lleguen primero a la casilla signada como tal ganarán.

Ejemplo de posibles tarjetas:

Tarjeta a

Principio 1 de la Declaración de los Derechos del Niño

Todos los niños gozarán de derecho sin excepción, ni distinción o discriminación por motivos de…

Respuesta:

- Posición económica.
- Nacimiento o condición.
- Del propio niño o la familia.
- Raza.
- Idioma.
- Color.
- Religión.
- Sexo.
- Opiniones políticas.

Tarjeta b

Principio 2 de la Declaración de los Derechos del niño.

El niño gozará de una protección especial y dispondrá de oportunidades y servicios, dispensado todo ello por la ley y otros medios, para que pueda desarrollarse, ¿de qué manera? (cinco palabras), en forma saludable y normal, así como en condiciones de libertad y dignidad.

Respuesta: física, moral, mental, espiritual y socialmente.

Tarjeta c

Principio 3 de la Declaración de los Derechos del niño.

El niño desde el nacimiento tiene derecho a un nombre y ¿a qué más?

Respuesta: nacionalidad.

Tarjeta d

Principio 4 de la Declaración de los Derechos del niño

El niño deberá gozar de los beneficios de la seguridad social

¿De qué derechos gozará con respecto a la salud?

Respuesta: Crecer y desarrollarse.

Alimentación y vivienda.

Recreo y servicios.

Tarjeta e

Principio 5 de la Declaración de los Derechos del niño.

El niño física o mentalmente impedido o que sufra

¿Qué se le debe proporcionar?

Respuesta: tratamiento, educación y cuidado especial.

Tarjeta f

Principio 6 de la Declaración de los Derechos del niño.

El niño para el pleno y armonioso desarrollo de su personalidad necesita amor y comprensión, por esto ¿a qué están obligados los padres y las autoridades públicas?

Respuesta: A brindar el amparo y protección de los padres.

Brindarle ambiente de afecto y seguridad material y moral.

Se prestará especial cuidado a los niños sin familia o recursos.

Tarjeta g

Principio 7 de la Declaración de los Derechos del niño.

¿Qué debe recibir el niño en forma gratuita y obligatoria? Además de disfrutar del juego y recreación.

Respuesta: educación.

Tarjeta h

Principio 8 de la Declaración de los Derechos del niño.

El niño debe figurar entre los primeros que reciban protección y amparo. ¿Está bien?

Respuesta: sí.

Tarjeta i

Principio 9 de la Declaración de los Derechos del niño.

¿Qué sabes con respecto al niño y el trabajo?

Respuesta: no podrá desarrollar ningún tipo de trabajo que impida su desarrollo físico, moral o mental.

Tarjeta j

Principio 10 de la Declaración de los Derechos del niño.

¿Qué señala este principio referido a la discriminación?

NOTA: Estas y otras tarjetas pueden servirte durante el desarrollo del juego si tienes en cuenta el objetivo: identificar los derechos del niño.

NUESTRA REFLEXION . . . .

El respeto por el otro, es ingrediente fundamental para respetar sus derechos y gozar de los propios. En una sociedad como la nuestra es conveniente ponerlos en ejercicio mediante el pensar, sentir y hacer.

Faltan momentos simples de delicadeza y atención al otro, porque no se lo reconoce como persona.

Por eso le falta al niño el cariño, el cuidado y la atención aun de sus padres.

Quien respeta al niño,
respeta la vida y humaniza la sociedad.

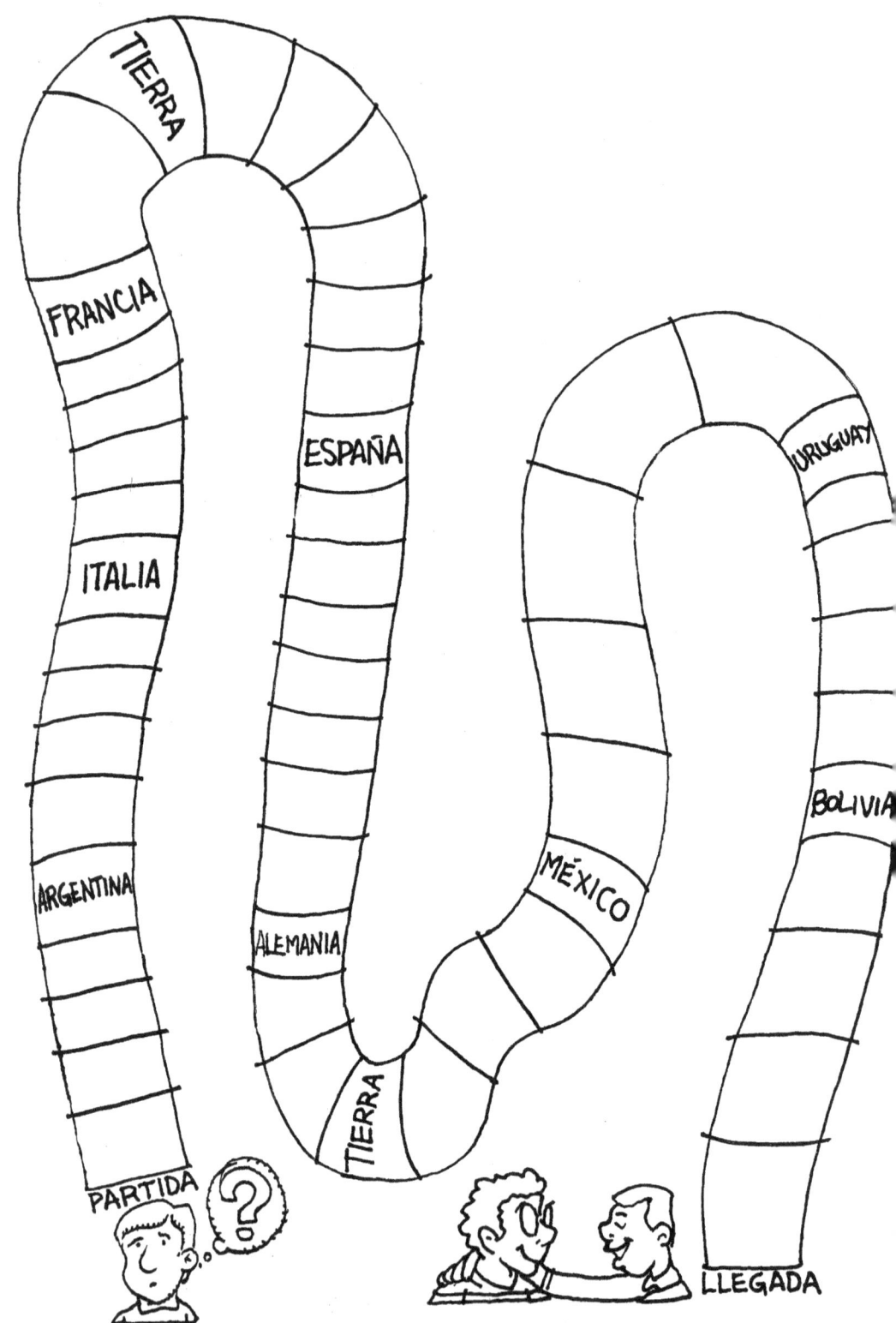

SER LIBRE

RECURSOS MATERIALES:
-cuento "Josefina tortuga"
-papeles y lápices.

RECURSOS HUMANOS:
disposición para aceptarnos tal cual somos.

PARA QUE:
valorar la importancia de actuar de acuerdo a los valores fundamentales: la vida, la verdad, el bien, la paz, la justicia, la tolerancia, la libertad.

PROPUESTA:

Reunidos los participantes son divididos en pequeños grupos.

Cada uno recibe una copia del cuento: Josefina tortuga.

Después de leído, se les entrega una guía para responder primero en forma personal y luego con el pequeño grupo.

• para los más chicos:

¿Qué es lo que más te gusta del cuento?

¿Cuándo sentimos que somos libres?

¿Qué cosas nos gustaría hacer y no podemos?

• para adolescentes, jóvenes y adultos.

¿Qué nos gustaría hacer y no podemos? ¿En qué medida esto nos impide ser felices?

En nuestra historia personal tenemos situaciones parecidas a las de Josefina tortuga, ¿qué nos impide superarlas?

Realizada la puesta en común en los pequeños grupos, se invitará a los jugadores a representar:

- Josefina tortuga en el hoy de nuestro equipo, o bien
- Si le escribimos una carta a Josefina tortuga, ¿qué le diríamos?

NUESTRA REFLEXION . . . .

Generalmente confundimos la libertad con lo que tenemos o lo que no podemos hacer.

Sin embargo, ser libre supone conocerse a sí mismo, para aceptarse cada uno tal cual es con fortalezas y debilidades. Valorar lo que uno es, siendo de esta manera feliz.

"La verdad, no la hipocresía os hará libres."

JOSEFINA TORTUGA

Josefina tortuga caminaba por el bosque. A su lado pasaban velozmente sus amigos, los ciervos, las liebres, los sapos. Por encima de su cabeza revoloteaban los pájaros saltando de rama en rama. Un día, uno de los pájaros, Juan Gorrión, se acercó planeando.

-Ja, ja, miren a éste, cómo camina. Ja, ja, si parece que una patita le pidiera permiso a la otra para avanzar...

Toda la bandada estalló en carcajadas. Mientras tanto Josefina Tortuga escondió su cabeza, avergonzada.

-Es verdad, siempre lenta... siempre aquí dentro, sin saber lo que es correr y mucho menos volar. Me siento tan prisionera. ¡Cómo me gustaría ser libre..!

Al día siguiente no se atrevió a pasear por el bosque.

-Se burlarán de mí, seguro. Y yo aquí tan atrapado...

No había terminado de hablar cuando comenzó a llover furiosamente. Josefina, acostumbrada a la lluvia, guardó un poco su cabeza y caminó unos pasitos. Grande fue su sorpresa al no encontrar a la bandada de pájaros.

-¿Qué les habrá pasado? -se preguntó mirando entre los árboles.

Allá arriba los encontró. Todos apretaditos uno junto al otro.

-Amigos, ¿Qué pasa que no vuelan hoy?

-Josefina Tortuga, eres la única que no sabe que nosotros los pájaros no podemos volar con lluvia.

Una sonrisa cruzó la cara de Josefina.

-Vaya, si ellos no pueden salir cuando llueve y yo sí... Entonces no soy tan prisionera. También puedo ser libre... a mi manera.

"Sí, soy libre, soy libre", se escuchaba su alegría mientras se marchaba despacio.

*"En la historia de la humanidad,
encontramos los ejemplos más profundos para reflexionar.*

*En 1816 una fragata francesa encalló cerca de Marruecos.
No había suficientes botes salvavidas.
Los restos del navío formaron la única balsa
que mantuvo a 149 personas.
La tempestad los arrastró al mar abierto
por más de 27 días sin rumbo.*

*La dramática experiencia de los sobrevivientes
impresionó a un artista,
Gericault que hizo un estudio sustancial
de los detalles para esta pintura.
El entrevistó a los sobrevivientes,
a los enfermos, e incluso vio a los muertos.
Horrorizado reprodujo la íntima realidad humana.
en esa situación.*

*"La balsa de Medusa"
de Theodore Gericault.
Figuración de un acontecimiento,
que conmovió a Francia,
el naufragio de la nave La medusa (2 de julio de 1816)
con repercusiones que tocaron
lo más profundo del alma humana.*

*En ella vemos las diferentes
actitudes humanas que se manifiestan
en los momentos límite de la vida.
Nos queda pensar en qué lugar estaríamos nosotros.
¿Cuántas veces atravesamos situaciones difíciles y
de qué forma las enfrentamos?
¿Nos dejamos derrotar, tiramos a la deriva
todas nuestras fuerzas?
¿No creemos que tenga solución?
¿Dudamos de todo y de todos?
¿Somos los que mantenemos la esperanza por encima de todo?
¿No dejamos de esforzarnos por llegar al triunfo?*

*Si ustedes observan detenidamente,
puede decirse que no se ve ningún navío
que viene a rescatarlos...
Pero sin embargo hay un grupo decidido
a luchar hasta sus últimas fuerzas para salvar a toda la tripulación.
La Balsa es el planeta,
los tripulantes forman la humanidad
y las actitudes que cada uno adopte
ante la vida.
Esperanza es decidir
triunfar en cada circunstancia
que nos toca vivir."*

PRO Y CONTRA

RECURSOS MATERIALES:
tarjetas escritas

RECURSOS HUMANOS:
disposición para reconocer al otro.

PARA QUE:
valorizar la búsqueda del bien común en la vida social.

PROPUESTA:

• Todo el grupo se coloca en ronda y se escriben en tarjetas situaciones a resolver que ocurren a diario.

• Estas tarjetas se dividen en dos y a cada uno se le entrega una parte de ellas cuidando que ninguna quede sin su par.

• Los presentes buscarán la parte que falta del escrito.

• Al encontrarla, serán ahora dos las personas que se informarán sobre lo escrito.

• Interpretada la situación buscarán pros y contras de distintas respuestas dadas.

• Luego, nuevamente en ronda, intercambiarán pros y contras logrando entre todos valorizar posturas de bien común.

Sugerencias para presentar en ejemplos de tarjetas:

VOY EN EL COLECTIVO, SUBE UNA SEÑORA EMBARAZADA, ¿LE DOY EL ASIENTO O MIRO POR LA VENTANILLA?

....

VOY POR LA CALLE Y TROPIEZO CON EL BASTÓN DE UN CIEGO, ¿LE PIDO DISCULPAS, LO INSULTO O SIGO CAMINANDO?

....

TODOS ROMPIMOS UN VIDRIO JUGANDO. SALIMOS CORRIENDO. UNO QUEDÓ ATRÁS, LO VIERON, RETARON Y SANCIONARON. SOS PARTE DEL GRUPO, ¿QUÉ HARÍAS EN ESA SITUACIÓN?

....

LA MAESTRA ME PIDE INVESTIGAR SOBRE UN TEMA ESPECÍFICO, YO SOY EL ÚNICO QUE ENCUENTRA LA INFORMACIÓN; SÉ DE DÓNDE SACARLA, COMPARTO LO QUE SÉ?

....

ESTOY EN EL SUPERMERCADO. LA SEÑORA QUE ESTÁ DELANTE DE MÍ SE DISTRAJO Y CAE DE SU BOLSILLO UN BILLETE DE CIEN PESOS. ¿LE AVISO O LO RECOJO Y LO GUARDO EN EL MÍO?

....

NUESTRA REFLEXION . . . .

Todos formamos parte de un grupo social, y desarrollamos actividades relacionándonos con los demás.

La tolerancia unida a la solidaridad son actividades que generan espacios participativos aptos para el desarrollo de actitudes en pro del bien común.

Si queremos que un grupo crezca en este sentido los primeros que debemos ejercitarlas somos aquellos que tenemos responsabilidad desde algún lugar que signifique conducción.

Muy a menudo la falta de silencio, el escuchar cuando alguien habla mal de otro enrarece el ambiente donde se mueven los grupos humanos. Por esto es sabio remitir a las personas que se encuentren en el diálogo con quienes padecen alguna dificultad y no prestar oído a lo que comúnmente se llama difamar, calumniar.

El silencio favorece el buen clima y una palabra alentadora es estímulo en la adversidad.

ANIMALEANDO

RECURSOS MATERIALES:
lápiz, papel, tijera.

RECURSOS HUMANOS:
creatividad y disposición de aceptación.

PARA QUE: poner en juego la creatividad individual y grupal.

PROPUESTA:

PRIMERA INSTANCIA

• Mediante alguna estrategia se divide al grupo en dos, con igual cantidad de personas.

• Cada integrante deberá tener una hoja, un papel y una tijera.

PRIMERA CONSIGNA:

Cada uno irá a un lugar sin tener ningún tipo de comunicación con el resto y dibujarán alguna parte de un animal, por ejemplo cabeza, cola, cuerpo... (en tamaño grande).

Luego de realizada la consigna se reunirán con su grupo de origen.

SEGUNDA CONSIGNA:

Con la imagen obtenida, reuniendo las partes de cada uno armarán la mayor cantidad posible de animales.

TERCERA CONSIGNA:

A cada animal obtenido se le asignará un nombre, el movimiento que puede realizar y el sonido que emite.

CUARTA CONSIGNA:

Cada grupo pasará al frente presentando el animal con el nombre, movimiento y sonido correspondiente.

SEGUNDA INSTANCIA

Los animales pueden ser personalizados mediante títere manopla.

TERCERA INSTANCIA

El juego puede ser trabajado interdisciplinariamente.

Sugerencia:
- Lengua: diversidad de formas desde la onomatopeya a la historieta y cuento.
- Sociales: actitudes por regiones.
- Naturales: hábitat, tipo de animal, morfología.
- Matemática: operaciones a partir de miembros y medidas.

NUESTRA REFLEXION . . . .

Cada uno tiene un modo particular de ser, por lo tanto un estilo de vida peculiar.

La valorización de lo diferente lleva al intercambio de ideas desde el respeto del otro, buscando acuerdos donde la producción surge de la puesta en común de los propios espacios concedidos.

Será bueno intentar compartir situaciones con aquellos que piensan distinto, a fin de reconocer las verdades que cada uno puede aportar.

Aprende de los errores de los demás. No vas a tener tiempo de cometerlos todos tú solo.

IDENTIDAD IMAGINADA

RECURSOS MATERIALES:
-papel de diario
-marcadores gruesos.

RECURSOS HUMANOS:
disposición para reconocer otras identidades.

PARA QUE:
reconocer la pertenencia de distintos grupos y su historia.

PROPUESTA:

PRIMER PLANTEO:

• Alguna vez indagaron:

¿Cómo vivían y pensaban hombres y mujeres de otra época?

Luego se sugiere el intercambio de ideas entre los presentes.

SEGUNDO PLANTEO

• Imagina que sos:
 -Un bufón del rey
 -Caballero de la época feudal
 -Una dama de la nobleza
 -Consejero del rey

TERCER PLANTEO:

Elegido el personaje:

-construir el contexto y situarse como personaje de ese contexto- armar un texto que muestre al personaje actuando y pensando: por ejemplo contar un día de su vida en esa situación

-actuar el texto por grupos

NOTA: facilitar textos a quienes lo requieran que ubique en el contexto de la época, costumbres y hechos históricos.

NUESTRA REFLEXION . . . .

El hecho de tener que imaginar es una oportunidad para que la persona proyecte su imaginación, a la vez que la cultiva y desarrolla.

Los juegos de simulación contribuyen a internalizar conceptos trabajados, como a incentivar la creatividad desde ellos.

Al sentirse los componentes de la actividad lúdica protagonistas, ejercitan la interacción y comprenden actitudes, posturas diferentes a las nuestras; respetándolas aunque no las compartan.

Es difícil ser feliz cuando se viaja por la vida en un chasis cansado, lo mejor es hacerlo en un chasis esperanzado reconociendo en cada uno su propia identidad.

¡QUE RARO!

RECURSOS MATERIALES:
Fábula:
-La oveja y el carnero.
-papel y lápiz.

RECURSOS HUMANOS:
disposición para reconocer y aceptar al otro.

PARA QUE:
experimentar lo que significa ser excluido de un grupo.

PROPUESTA:

• Aclaremos que la siguiente propuesta requiere un mínimo de conocimiento de quienes participen en ella.

* El grupo se subdivide según afinidad, teniendo cada equipo hasta seis personas.

* Todos y cada uno reciben el texto de la fábula: La oveja y el carnero.

* Analizan: ¿qué dice la fábula?

¿qué sentimientos provoca la situación planteada?

* Confrontan en el grupo los sentimientos que se originan en la exclusión de alguien.

* Todos reciben un papel para anotar el momento de su vida en que se sintieron excluidos.

* Leen en voz alta lo escrito y juzgan cuál es el caso en que la exclusión resultó de mayor discriminación.

* El dueño del escrito de mayor discriminación es separado del grupo.

* Queda un nuevo equipo formado por todos quienes sufrieron (según decisión de los participantes) la mayor exclusión.

* Comparten el hecho de discriminación y lo que sintieron ante él, buscando argumentos de dicha situación. Entre todos sacan conclusiones.

* Los que quedan en el grupo, también buscan argumentos que llevan a la exclusión citada. Sacan conclusiones.

* Todos exponen las conclusiones logradas.

* Si el coordinador lo cree conveniente gestúan -los que así lo desean- la situación de mayor discriminación.

NUESTRA REFLEXION..............................

Sabemos que analizar valores no se debe hacer, si no es en referencia a situaciones concretas donde se manifieste su ausencia o presencia.

Hay muchas maneras de discriminación, desde la indiferencia total a continuos actos que muestran la no aceptación del otro como tal.

Mostrar los valores que son reconocidos universalmente y que están basados en la dignidad humana ha de ser tarea continua y constante de quienes tenemos alguna responsabilidad con respecto a otros.

Sería bueno después de la actividad lúdica planteada hacer buscar en diarios y revistas situaciones diarias en que aparece la discriminación, sobre todo como algo habitual; demostrando esto la falta de conciencia social desde la igualdad de todos nosotros, los seres humanos.

FABULA:

La oveja y el carnero.
La oveja y el carnero miraban el perro pastor.

Dijo la oveja:
-¡Qué lindo tipo!
-Es un tipo raro -dijo el carnero.
-¿Qué cosa es ser raro? -preguntó ella.
-Ser raro es no ser como yo -dijo el carnero.

Para pensarlo, ¿no?

¿QUIEN ES CAPERUCITA ROJA?

RECURSOS MATERIALES:
distintas versiones del cuento de Caperucita Roja, papel, tijera, lápiz.

RECURSOS HUMANOS:
disposición para reconocer al otro.

PARA QUE:
- distinguir puntos de vista en torno a una realidad.
- distinguir opiniones fundadas en la realidad y en prejuicios.

PROPUESTA:

A partir de 7 años:

* Formar grupos de cuatro chicos
* Repartir distintas versiones del cuento de Caperucita Roja.
* Dibujar la cara de los personajes en un papel grueso y colocarle un elástico para usarla sobre el rostro. En cada equipo de cuatro elegirán uno distinto.
* Los protagonistas dramatizarán el cuento como si fuesen los personajes.
* Vistas las distintas representaciones se dialogará sobre:

¿Qué es lo que cambió y por qué?

A partir de 10 años:

*Conocida una de las versiones se dividen en grupos de cuatro personas.

* Entre los componentes de cada equipo se arma nuevamente el cuento, pero se hará desde la versión de cada personaje.

* Así un grupo escribirá la versión desde la abuela, otro desde Caperucita Roja, otro desde el lobo, y también desde los animales y flores del bosque.

* Terminado el cuento, cada equipo lo leerá al resto.

* Posteriormente cada grupo defenderá su versión buscando argumentos válidos.

NUESTRA REFLEXION ....

En torno a una misma realidad se pueden tener distintos puntos de vista; suele suceder muchas veces en la vida de todos los días. Si preguntamos para qué sirve la puerta, unos dirán que para entrar y otros para salir; depende de dónde nos ubiquemos. Igualmente si alguien mira con anteojos de vidrios negros y otros de vidrios verdes, unos verán de distinto color que los otros y ambos dicen lo que ven.

Muchas veces pensamos que si tenemos la razón, otra persona no puede tenerla; pero pueden coexistir distintas formas de interpretar la realidad y enriquecernos con ellas.

Una misma historia contada desde distintas perspectivas recibe el nombre de versión. Algunas versiones son legítimas porque se apoyan en la verdad.

La verdad nos hará libres.

JUICIO A DON JUAN EL ZORRO

RECURSOS MATERIALES:
Cuento: "Don Juan el Zorro" de M. del Carmen Villaverde de Nessier y Clelio Pedro Villaverde.

RECURSOS HUMANOS: disposición para reconocer y distinguir valores.

PARA QUE: para exponer argumentos, utilizando estrategias como causalidad, consecuencia, organización inductiva y deductiva, introducción del ejemplo, papel de la autoridad.

PROPUESTA:

• Todos deberán leer previamente los cuentos de "Don Juan el Zorro".

• Se coloca a la vista de todos la nómina de quiénes serán los participantes del juicio.

-Don Juan el Zorro: será personificado por sólo una persona.

En caso de que varias se propongan, se elegirá una entre ellas por decisión votada o consensuada de los presentes.

-Abogado defensor

-Fiscal

-Testigos

-(Tigre Don Simón, el Tero, el Gallo, el Yacaré...)

-Jurado

-Juez

• Cada participante jugará con un grupo que delibera.

• El enjuiciado será Don Juan el Zorro

• Las posibles acusaciones:

-abusar de la generosidad y respeto de los compañeros del lugar

-lograr sus propósitos por medio de engaños y de mentiras

-ser egoísta e interesado.

• Una vez abierto el juicio por el juez, el fiscal señala las acusaciones, el zorro es interrogado, actúan los testigos... hasta que finalmente el abogado hace su defensa, delibera el jurado y se da la sentencia y el veredicto.

• Cada participante tendrá en cuenta sus argumentos; para que sean válidos se hará uso de distintas estrategias tales como: causalidad, consecuencia, organización inductiva-deductiva, introducción del ejemplo, papel de la autoridad...

NUESTRA REFLEXION..............................

Juicio según el diccionario es:

-toda acción de juzgar

-facultad que permite conocer la bondad y la falsedad de las cosas

-conocimiento de causa, en la cual el juez ha de pronunciar sentencia

El juego consiste en un juicio donde para argumentar se debe analizar, investigar una obra literaria y sus protagonistas, estimular actitudes valiosas de justicia, libertad y cooperación como formas de vida.

¿Por qué elegimos a Don Juan el Zorro?

Porque pensamos que es un exponente de la picardía criolla posible de ser interpretado.

De múltiples y variadas formas los componentes del juicio deberán argumentar en sus constantes diálogos para defender las propias ideas y refutar el argumento del interlocutor.

> El diálogo es un valor en sí mismo, donde deberíamos dar razones de nuestras opiniones.

LA DERROTA DE DON SIMÓN

Resulta que por entonces don Simón ya no podía soportar más las ocurrencias de don Juan. Estaba cansado de perseguirlo y de ver que siempre se le escapaba haciéndole una de las suyas. Pensó entonces que debía haber una manera de castigarlo y un día decidió formar un ejército del que no pudiera escapar y salió al campo para reunir la tropa.

Al primero que encontró fue al gallo y le dijo:

~Mirá; el mayor enemigo tuyo es el zorro. Ya te está dejando sin mujeres y sin hijos y en cuantito te descuidés vos mismo vas a dejar el plumerío. Vengo a convidarte para que formés parte del ejército que voy a preparar para hacerle la guerra al zorro. ¡Hay que castigar de una vez a ese bandido!

~No habrá en el mundo una guerra más justa, contestó el gallo, pero yo, ¿qué pitos voy a tocar? ¿Qué voy a hacer frente al zorro?

~¡Ah!, le contestó don Simón. Vos me vas a prestar un servicio muy grande. No necesitás pelear, basta con que toqués el clarín y marchés a mi lado. Ya ves que el trabajo es liviano y que a mi sombra no corrés peligro.

El gallo aceptó y, como era la hora de la siesta, ahí nomás empezó a tocar el clarín anunciando la guerra.

¡Kiki-rí... Ki-ki-rí... Ki-ki-rí...!!!

El tigre, entre tanto, fue bicho por bicho diciendo todo lo que se le ocurría contra su sobrino y reclutando gente y más gente.

Cuando tuvo formada la tropa le pasó revista y vio que no faltaba ni uno.

El zorro, que había observado todo el movimiento, se hacía el distraído; el muy pícaro no se había perdido nada porque dormía con un solo ojo.

Al llegar el día del combate, don Simón se afiló bien las uñas en el tronco de un ceibo, para refrescarlas, y se puso al frente de sus soldados. De un lado iba el toro que, como siempre, llevaba su estandarte prendido en los cuernos y del otro lado el gallo con su trompa de órdenes y el tucu-tucu que tocaba el tambor:

~¡Tucu-tucu-tuc!!!... Tucu-tucu-tuc!!!...

El primero en moverse a una orden de don Simón fue el tero que salió a bichar para descubrir al enemigo. Al ratito lo vieron revolotear y gritar sobre unos talas viejos que se levantaban entre unos pastos duros, cerca de un arroyo. El gallo tocó el clarín.

~Kiki-ri... Kiki-rí...Kikirí...!!!, dando así la voz de atención; y ahí nomás el tucu-tuco a los redobles y redobles:

~Tucu-tucu-tuc!!!... Tucu-tucu-tuc!!!...

Y el bicherío todo marchó en media luna como para cercar a don Juan, que estaba solito. ¡Qué espectáculo!!!...

~¡Un!, ¡dos!... ¡Un!, ¡dos!... ¡Un!, ¡dos!

Pero resulta que, como frente al escondrijo del zorro había un arenal amarillo, grandote y despejado, se podían ver muy bien, uno por uno, los soldados de don Simón, hasta los que se arrastraban, como las iguanas, los tuyús y las víboras.

Cuando estuvieron más cerca, don Juan empezó a moverse y moverse entre los talas que estaban llenitos de lechiguanas y a decir en voz alta, como si hablara solo:

¡¡Véanlo a mi tío..., es fantástico..., pero fantástico por demás!!!... Como se trae a todos los bichos del mundo para que vean en qué forma las iguanas se comen la miel. (Porque las iguanas golpean con la colas las lechiguanas para comer la miel que se les adhiere al romper las paredes del nido).

El zorro no hizo nada más, pero las avispas, con lo que dijo, se alborotaron enseguida y... zumba que te zumba, levantaron vuelo formando una nube espesa que remolineó para ganar altura y ahí nomás se largó sobre don Simón y no le dejaron ni un pedacito del cuerpo sin picar.

Había que ver al tigre pegar la vuelta y salir despavorido, dando gritos atroces por el ardor que le producían las avispas que tenía prendidas y olvidándose de su ejército, que muerto de miedo se desbandó.

Entre tanto don Juan, el más repícaro de todos los zorros del mundo, echado de lomo en el suelo, se relamía chupando la rica miel de las lechiguanas, riéndose a carcajadas:

_¡¡¡Ja, ja, ja, jaaaaa....!!!

LA INUNDACIÓN

Una vez, don Juan el zorro, se había echado a sestear a la sombra de un sauzal, frente al río. Se despertó y se quedó azorado. Se venía la creciente con toda su furia. El río desbordado lo había dejado en un pedacito de tierra. El agua lo rodeaba por todas partes. La inundación lo agarró dormido, de sorpresa.

Y ahí estaba don Juan, sin saber qué hacer, anegado por todos lados, mirando el camalotaje que pasaba flotando, con asomadas entre las flores azules.

~Ojalá, decía, apareciera un alma caritativa que me sacara de este aprieto.

Así estaba pensando cuando vio asomar en el agua los ojos y la punta del hocico de un yacaré.

—¡Epa! amigo, le dio, ¿por qué no me da una manito?, aunque no sé quién es usted.

Entonces el yacaré sacó la cabeza y le contestó:

—José Paredes, te digo.

—¡Ah, don José Paredes!, le dijo el zorro. ¡Correntino bravo!, ¿por qué no me saca de este aprieto?

El yacaré se acercó al mogote donde estaba don Juan y le dijo:

—Suba, amigo, en mi lomo que lo voy a llevar a tierra firme.

Pero la intención del yacaré era ahogarlo al zorro para comérselo luego.

Don Juan pegó un brinco y se montó en el lomo duro del yacaré que empezó a nadar a flor de agua. Iban así, callados, un trecho hasta que el zorro se dio cuenta de que el yacaré se hundía poquito a poco y cuando sintió que el agua le mojaba las caderas le dijo:

—¡Ah, don Paredes! ¡Con razón mi hermana te quiere tanto!

El yacaré que no esperaba esta declaración, le dijo:

—¿Tu hermana?

—Sí, mi hermana, le contestó don Juan.

—¡Y está linda tu hermana!, le dijo el yacaré. Y después, como haciéndose el distraído, volvió a preguntarle.

—¿Y qué dice tu hermana de mí?

—Ah, contestó enseguida don Juan; siempre me sabe decir: Este don José Paredes, mozo lindo, ojitos de mburucuyá potí, dientes de marfil, que sabe enlazar y que, cuando va por el río, parece una embarcación.

El yacaré empezó a hincharse de gusto y cuanto más se hinchaba más flotaba y más salía a flor de agua.

—¡Ahá! ¡Qué bueno!... ¿Y eso te dice?... ¡Qué bueno!

Y ya no cabía más en el cuero de tan hinchado que iba el vanidoso yacaré, mientras el zorro, lo más orondo montado en el lomo, ya ni se mojaba las patas. Por ahí vio que estaba cerca de la costa, calculó la distancia y pegó un brinco.

Don José Paredes se desinfló de golpe y se hundió en el agua hasta dejar solamente la cabeza afuera, dándose cuenta que se le había escapado la presa. Mientras tanto, don Juan, en la orilla, se reía a más no poder.

~¡Qué va a decir eso de vos mi hermana!, viejo pavo y vanidoso, le gritó desde lo seco. Dice, sí, que tenés los ojos lagañosos, los dientes de perro, la cola de serrucho, las patas chuecas y que cuando vas por el río parecés un tronco que se lleva el agua.

Y se fue tranquilo, con las orejitas paradas, la cola esponjada de gusto y riendo de su diablura que le ayudó a salvarse la vida. Mientras tanto, el yacaré se zambullía para esconder su vergüenza ante la astucia de don Juan.

EL CUENTO DEL CICLÓN

Un día don Juan lo vio venir desde lejos a don Simón y, haciéndose el zonzo, como si no lo hubiera visto, empezó a atarse al tronco de un algarrobo con unos tientos trenzados de ocho.

Cuando llegó don Simón a su lado, el zorro se hizo el sobresaltado:

~¡Oh, mi tío!, le dijo. Lo que menos pensaba era que usted anduviera por aquí.

~¿Y qué estás haciendo?, le preguntó don Simón. ¿Te has vuelto loco que te amarrás así al tronco de un árbol?

~¿Loco?, le contestó don Juan. Loco estaría si no me atara y me sujetara bien con la tormenta que se viene. ¿Usted cree que yo voy a dejar que el pampero me vuele como a una hoja? ¡No faltaba más!

Y siguió el zorro dándose vueltas con las guascas y haciendo nudos, apurado sin prestar atención a la presencia del tío que lo miraba sorprendido.

Don Simón miró el cielo que estaba limpito, sin una nube, y le contestó:

~Ahora sí creo que estás loco, porque, ¿de dónde tormenta con un día tan lindo?

~¡Hum! parece mentira, mi tío, que no vea la que se está armando del lado del pampero.

El tigre volvió la cabeza y miró una franja oscura que don Juan le señalaba a lo lejos, en el horizonte.

~¿No ve aquello?, le dijo. Es la tormenta que se viene a toda velocidad.

~Tenés razón, le contestó sobresaltado, pero no te atés todavía. Tenés tiempo de atarme a mí primero. Ya sabés que no me puedo mover con la agilidad y con la rapidez con que lo hacés vos. Hacéme ese servicio, sobrino, ¡qué no me agarre el pampero en este descampado!

~No faltaba más, le contestó el zorro mientras se iba aflojando los nudos y los lazos que se había hecho.

Después en un santiamén, lo amarró al tío, pero bien amarrado de patas y manos pasándole, además, varias lazadas por la barriga y el cogote.

Cuando lo tuvo así, como estaqueado, se le puso delante y le dijo:

~Bueno, tío, ¿ve aquella franja oscura del horizonte que le mostré hace un rato?; eso no es oscuridad de tormenta, eso es la oscuridad del monte. ¡Ja, ja, ja!...

Y se alejó al tranquito. De cuando en cuando se daba vuelta y se reía oyendo al tigre que bramaba de coraje y de rabia sin poder moverse por las ataduras que le había hecho el sobrino.

Y entre los bramidos decía don Simón:

—¡Grrr!... ¡Grrr!... ¡Ya me las pagarás!... ¡Grrr!.... ¡Ya te voy a encontrar!... ¡Grrr!..., mezclando su furia con una retahila de maldiciones.

El zorro se había ganado el sendero hacia la cueva y le brillaban los ojitos de alegría mientras se alejaba, patitas para que te quiero.

CÓMO DON JUAN SE COMIÓ LOS QUESOS

Una noche oscura como boca de lobo, don Simón, el tigre, estaba sentado bajo la enramada de su rancho, descansando después de haber troteado todo el santo día sin hallar gran cosa para comer. Para entretener su estómago hambriento se puso a tomar unos mates mientras su mujer, la tigra, rezongaba dando vueltas en la cucha sin poderse dormir por el hambre que tenía.

De repente don Simón paró las orejas. Había oído un ruidito en el pajonal. Se puso serio y gruñó:

—¿Quién anda ahí?

Silencio.

Entonces don Simón insistió con su vozarrón aún más potente:

—¿Quién anda ahí?

—Buenas noches, mi tío. Soy yo que vengo a visitarlo, le contestó don Juan, el zorro, mientras asomaba la cabecita con sus orejas puntiagudas, detrás de un tacurú.

—¿Y de dónde salís?, le preguntó don Simón; hace muchísimo tiempo que no te veo. Pasá, vení sentate al lado de tu tío para conversar un rato.

El zorro, un poco desconfiado, contestó:

—Muchas gracias, mi tío, pero prefiero quedarme aquí.

—Te va a hacer mal el sereno, gruñó don Simón.

—No, mi tío, estoy acostumbrado a pasarme las noches al raso.

—¿No querés un cimarrón?, le preguntó el tigre.

—No, mi tío, gracias. Lo único que comería seriía un poco de queso… ¡Qué ganas tengo de comer un poco de queso!…

—¿Queso?… ¿De dónde?, preguntó el tigre.

—Vea, le contestó el zorro, si usted quiere yo puedo llevarlo ahora mismo a un lugar donde nos podemos dar un atracón.

El tigre, mirándolo de reojo, medio desconfiado, le preguntó:

—Y, ¿habrá para los dos?

—Hay quesos para tirar para arriba, mi tío; y podrá comer hasta hartarse sin que nadie lo moleste.

Entonces don Simón se decidió y, tío y sobrino, se pusieron en marcha.

Mientras andaban, don Simón preguntó:

—¿Y dónde hay tantos quesos sobrino?

—¡Bah!, dijo don Juan, ¡en una quesería!

—¿Una quesería?, dijo el tigre, ¿y vos crees que nos dejarán comer tranquilos?

—Sí, mi tío, tenga confianza. Era una casa que estaba en medio del campo.

—¿Has visto?, dijo don Juan. Si logramos entrar sin que nos oigan los perros, comeremos hasta hartarnos.

—¿Y habrá perros?, preguntó don Simón con un poco de miedo.

—Y es claro que perros habrá, pero vamos a acercarnos despacito y contra el viento para no nos venteen.

Cuando tuvieron bien cerca, el zorro dijo:

—¡Qué ganas tengo de pegar un grito!

~No seas bárbaro, sobrino, no grités o nos van a descubrir.

Pero don Juan, a propósito, con toda su alma pegó el alarido:

~¡Cuaj…! ¡Cuaj…! ¡Cuaj…!

Antes de que don Simón se diera cuenta de lo que pasaba, se vino ladrando la perrada.

Alli nomás don Simón, asustado, dio la vuelta y empezó a correr para ponerse a salvo mientras don Juan se escondía entre unos cajones.

Los perros, encarnizados, empezaron a correr tras el tigre. Detrás de la quesería aparecieron los hombres que tomaron por el campo, detrás de los perros, en medio de la oscuridad, tratando de cazar el tigre.

Cuando don Juan se dio cuenta de que estaban lejos y que los hombres seguían la persecución, entró muy tranquilo en la quesería y se dio un banquete de quesos.

No contento con eso salió al tranquito para su cueva llevándose una bolsa llena de quesos frescos a la rastra.

BUEN DÍA, LAGUNITA

Una vez don Simón andaba furioso buscando a su sobrino. Estaba cansado de las mil diabluras que le había hecho y quería darle un sosegate, pero por más que lo buscaba y lo buscaba no podía dar con él.

~¿Dónde andará el cachafaz de mi sobrino?…, repetía mientras caminaba por el campo; hasta que, por fin, se le ocurrió pensar que lo encontraría en la lagunita, ya que en la comarca no había más agua que esa y, seguramente, allí iría a beber todos los días.

~¿Cómo he sido tan infeliz que no he pensado antes en eso?, decía el tigre mientras rumbeaba en busca de la aguada.

Ese día había hecho un calor terrible, de padre y señor nuestro, pero como el sol ya se iba poniendo, redondo, grandote y colorado como una brasa, don Simón se animó a dar un trotecito rendidor: más vale que dure que galope que canse, se dijo.

¡¡Mmmmmmmmm!!!..., me parece que va a seguir la seca, decía mirando el poniente; esto está bueno porque el bandido del zorro no tendrá más remedio que ir a la laguna a tomar agua. Bien dicen por aquí que cuando la seca es larga no hay matrero que no caiga.

Allá lejos, con los últimos rayos del sol, la laguna brillaba como una gran fuente de plata.

Don Simón, para llegar más pronto, cruzó entre el pajonal de una cañada y llegó a un bosque de aromitos que se levantaba sobre una loma. ¡Qué lindo color bayo tenía la tierra blanqueada a veces con manchas de salitre!...

Al pasar por la loma del aromal, desde la boca de una vizcachera, entre un montón de ramas, huesos y bosta de vaca, lo chistó la lechuza, pero él siguió, muy señor sin volver la cabeza.

A la sobretarde llegó don Simón a la orilla de la laguna. Se agachó enseguida a tomar agua porque de tanto andar había quedado con la lengua afuera. Ahí nomás vio el rastro en el barrito de la costa:

˜Mirá, don Simón. ¡Qué casualidad!, acerté con el lugar donde viene a tomar agua este ladino. De aquí no me muevo. Seguro que no ha de tardar en volver.

Después de encharcarse bien, se metió en la laguna entre unas totoras que había ahí cerquita y que lo tapaban enterito. Así se quedó esperando al sobrino y casi sin respirar para no ser oído ni por los pastos que lo tapaban.

Ya de noche, sintió el grito del chajá que daba la hora, como de costumbre. Después pasó una bandada de patos volando hacia el norte y silbando... silbando...

˜¡Siriríiii!... ¡Siriríiii!...

˜Bueno, dijo el tigre, esto sí que es señal de que sigue la bajante. Medio se le caían los párpados de sueño, pero como sabía que su sobrino don Juan, el zorro, era tan caminador, tan fiestero y que le gustaba andar de noche, hacía fuerza para no dormirse, esperándolo. Ni siquiera se animaba a echar un corto sueño.

˜Ni lo decía don Simón, no sea que este cachafaz se me aparezca cuando yo esté descabezando un sueñito.

Y así pasó la noche siguiendo en el cielo la marcha de las Tres Marías y entre los pajonales altos y tupidos, las lucecitas de los bichos de luz mientras:

˜¡Criic!.. ¡Criic!... ¡Chusss!... ¡Chusss!.... ¡Criic!... ¡Criic!...

¡Chusss!... ¡Zzzzzz!... ¡Zzzzzz!!!..., tucuras, grillos y mosquitos cantaban y zumbaban sin parar.

A veces un taranjo pegaba un salto en la laguna y don Simón, que es buen pescador, se aguantaba las ganas de salir a pescarlo para no hacer ruido. Parecía que las horas no se pasaban nunca, hasta que por fin, a ras del suelo, se levantó el boyero como un brillante globo de fuego.

˜Bueno, ahora sí que empezará a clarear, dijo el tigre. Y así fue nomás; al ratito comenzó a asomarse el sol muy bajito, en el horizonte y, con la fresca, apareció don Juan, al trotecito.

Don Simón aguantó el resuello y con gran expectativa esperó que se acercara; pero don Juan, que había visto el rastro del tigre en el totoral, se paró sobre una barranquita y, mirando a la laguna dijo:

˜Buen día, lagunita...

El zorro, muy zorro, esperó un rato mientras, a lo lejos, la garza levantó el gancho de su pescuezo blanco, pegó un grito el tero y... después, quedó todo en silencio.

˜¿Qué te pasa lagunita, que no me contestás?, volvió a decir don Juan. Algo raro te pasa, nunca dejaste de contestar a mi saludo.

¡Adiós!, volveré en otro momento. Y ahí nomás pegó la vuelta y al trotecito se alejó mientras iban bichando el totoral con el rabo del ojo para ver si algo se movía. El tigre seguía clavado como una estaca en su escondite.

~Pero, ¡qué cosa más rara!, decía. ¿Será cierto que la laguna contesta el saludo de este zorro de mi sobrino?

Al día siguiente volvió don Juan:

~¡¡Buen día, lagunita!!...

Esperó un rato y como nadie le contestaba, repitió el saludo con más fuerza:

~¡Buen día, lagunita!...

Y como siguiera el silencio dijo:

~Mirá, por tercera vez te voy a saludar y si no me contestás ahora, no volveré a verte jamás.

El tigre, cada vez más asombrado, pensó y pensó si había escuchado alguna vez hablar de un caso igual; entonces se acordó que había oído decir de una laguna que se enojaba si alguien le tiraba un tiro y se le ocurrió que también podría contestar los saludos. Así, cuando el zorro dijo por tercera vez:

~¡¡¡Buen día, lagunita!!!...

Se oyó en el totoral una voz muy gruesa que decía:

~¡¡¡Buueenn.... díiiaaaa!!!...

Ahí nomás dijo don Juan:

~¡¡Ah!!!, ¡claro!, ya me parecía que algo raro pasaba. Y sin darle tiempo a nada al tío, que tan atentamente lo esperaba, salió a todo galope, zumbándose al viento todos los pelos de la cola.

Entre tanto, el tigre, mojándose las patas en la lagunita, empezó a correr y correr detrás del rastro de su sobrino. Pero éste ya le había ganado la delantera burlando así la paciencia de don Simón que seguía corriendo y corriendo sin alcanzarlo.

CÓMO DON JUAN APLASTÓ A SU TÍO

Una vez don Simón se encontró de repente con don Juan, que estaba descansando de sus fechorías al pie de un cerro.

~¡Ah, sobrino!, le dijo. ¡Tanto tiempo sin verte! ¿Y qué estás haciendo aquí?

Don Juan, el zorro, se sobresaltó porque no esperaba que el tigre lo agarrara sin perros de tan cerquita que, en cuanto quisiera moverse lo alcanzaba de un salto. Pero el zorro se hizo el zonzo y desde el lugar que estaba le contestó:

~Lo que son las cosas. Estaba pensando en usted y me decía: ¡Ojalá llegara mi tío!

~Mirá, refunfuñó el tigre viejo mientras se pasaba la lengua por los bigotes. Lo que es tener un sobrino cariñoso que se acuerda de uno. ¿Y para qué me querías en esta soledad?

~Hace rato que estoy mirando aquel novillo y se me estaba haciendo agua la boca pero, ¡qué voy a hacer!, no tengo ni para empezar con él. En cuantito me acerco me pone las guampas en la barriga y me mata. Por eso yo pensaba: Si viniera mi tío, ese novillo no se escapa y nos daríamos una panzada.

~¿Y dónde está ese animal?, le preguntó don Simón.

~Allí; arriba de aquel cerro. ¿No ve ese bulto grandote?

~¡Ah!, contestó el tigre, ahora lo veo, pero se me hace que está encaramado entre un pedregal que no puedo trepar.

El zorro se rió para sus adentros porque el bulto que le mostraba era el de una piedra grandota.

~No es nada, tío, le contestó el ladino; yo voy a subir por atrás sin que me vea el guampudo y cuando lo tenga a tiro lo asusto para que se largue a correr para este lado y se despeñe así usted lo abaraja en el aire.

~Bueno, sobrino, vaya nomás, que esto es pan comido. Yo le daré un costillar para que se lo coma asado con cuero.

El zorro no esperó más y empezó a trepar entre las piedras con tanto sigilo como si, de veras, tuviera recelo de que lo descubriera alguien. Cuando estaba arriba y se le perdió de vista a don Simón empezó a forcejear y a darle a la piedra grandota hasta que la movió y la hizo rodar por el cerro.

~¡Ahora, tío!, le gritó. Ahí se lo mando, ¡no me lo deje escapar!

Cuando don Simón vio el bulto que se venía cerro abajo pegó un brinco con toda el alma y se le prendió con uñas y dientes. Pero la piedra, que venía a toda furia, lo arrastró hasta abajo y lo apretó. Entonces don Juan desde arriba se largó una carcajada y salió patitas para que te quiero.

CÓMO DON JUAN QUISO APRENDER A PIALAR

Nunca había andado don Juan tan pobre. Trotaba de día y de noche para rebuscarse, pero la comida escaseaba. A fuerza de tantas privaciones iba quedando en los huesosı y para colmo llagado y sucio que daba lástima.

Un día se acercó a la casa del peludo. Venía con las orejas gachas y casi sin aliento.

~Buen día, hermano, le dijo, ¡qué bien estás!

~Es la buena vida, le contestó el peludo. Aquí no me falta nunca qué comer. Casualmente estaba preparándome para comer un bocado mientras llega el mediodía; así, que, si quiere, don Juan, ya sabe, quédese con confianza.

El zorro no se hizo rogar y ahí nomás se sentó en una cabeza de vaca. El peludo entró en su rancho y empezó a sacar la comida y don Juan a comer hasta saciarse.

~¿Sabés que está rico esto?, dijo medio atorado.

~Es charque de yegua, le contestó el peludo.

~¿De dónde lo sacás?, le preguntó el zorro.

~Yo mismo lo hago, dijo el peludo, no me cuesta nada matar una yegua de tanto en tanto.

Don Juan lo miró desconfiado, como si pensara que le estaba mintiendo.

~Yo sabía, le dijo, que te dabas maña para matar venados, pero nunca oí decir que fueras capaz de matar yeguas.

~¡Bah!, le contestó el peludo. Si quiere quédese hasta mañana que le voy a mostrar cómo lo hago.

El zorro se quedó en el rancho del peludo. Comió a lo perro y durmió como un tronco. Al día siguiente salieron los dos al campo.

Caminaron un rato hasta que el peludo le dijo al zorro:

~Bueno, don Juan, ahora yo me quedo por acá mientras usted se va hasta aquel espinillal y espanta la yeguada para acá.

El zorro levantó la cabeza y divisó una tropilla de yeguas que andaba pasteando mientras se oía, de tanto en tanto, el cencerro de la madrinal.

El peludo preparó el lazo; lo armó, se ató la punta en la cintura y se quedó aguardando junto a una cueva. Al rato se oyó en el campo el tropel de la manada que se venía para donde estaba el pialador. El peludo revoleó el lazo; pialó la yegua más gorda y enseguida se metió en la cueva. Cuando se acabó el lazo, el peludo aguantó el cimbrón y la yegua se desnucó.

~Lindo tiro, dijo don Juan cuando se acercó a la yegua que ya había estirado las patas.

~Vamos a hacer una linda fiesta, contestó el peludo, invitando a todos mis parientes.

Al ratito se reunieron el tatú, la mulita, el mataco, el quirquincho y el tatú carreta con el peludo y don Juan y, a lo indio, vorazmente, se acabaron la yegua.

Cuando se hizo la noche el zorro les dijo:

~Mañana vamos a seguir con la fiesta. Yo los convido a comer un potro que voy a pialar en cuanto aclare.

Al día siguiente estaban todos prontos para ver al zorro tirar por primera vez el lazo. Don Juan se puso un culero de cuero de carpincho, armó el lazo y se ató la punta a la cintura, tal como había visto hacer al peludo.

Todos los invitados a la fiesta salieron para espantar la tropilla y arriársela hasta donde estaba don Juan esperando, a campo limpio. Cuando la tuvo a tiro, revoleó el lazo y se lo largó a correr como alazán grandote que, al sentirse enlazado, se largó a correr como un condenado, llevándose a la rastra al pobre don Juan que ni tocaba el suelo. Por ahí, al pasar por un pajonal se levantó un ñandú aleteando asustado. Don Juan, que parecía que volaba, alcanzó a gritarle.

~¡Epa, amigo, para qué me tira con su poncho, tan luego ahora que venía haciendo pie!

Por ahí el alazán, al llegar a un algarrobo, dio una vuelta cerrada y el lazo se enredó en el tronco. Al sentir el tirón el potro pegó una sentada y se quedó a los bufidos, atado al árbol, mientras el pobre don Juan, panza para arriba, parecía un muerto. Al rato llegó el peludo, sacó un cuchillo y de un golpe cortó el lazo.

Don Juan, levantándose como pudo y sacudiéndose la tierra del lomo le contestó:

~Amigo, ¿qué me hizo?, me ha dado un lazo que no sirve. ¡Eso no se hace!

Don Juan quería disimular así el tremendo papelón. Mientras tanto, todos los parientes del peludo, que se habían quedado sin fiesta, se marchaban burlándose de don Juan.

EL CANTO DEL CARANCHO

Una vez, don Simón, que nunca podía agarrarlo a don Juan, porque con sus mañas se le escabullía siempre, pensó en que, tal vez, la policía lo ayudaría. Así fue como salió a perseguirlo con dos perros. Anduvieron y anduvieron, buscándolo hasta que le encontraron el rastro y lo agarraron. Don Simón les había encargado que no lo maltrataran y que se lo trajeran sano y bueno para castigarlo él mismo, por sus propias manos.

La policía cumplió la orden y el pobre don Juan, con las orejitas y la cola gachas, apresado por los perros, llegó hasta donde lo esperaba su tío.

~¿Has visto bandido, le dijo, alguna vez ibas a caer? Ahora verás lo que te espera.

Ahí nomás, mandó que todos se pusieran en marcha hasta su rancho, porque quería castigarlo en presencia de la tía.

~Bueno, les dijo a los perros, yo voy a ir adelante y ustedes se encargan de que este bandido camine bien pegadito atrás mío sin que me lo separe ni un pelo a su hocico de mi cola, ¿entendido.

~Sí, don Simón, gruñeron los perros.

Así empezó la marcha. El tigre delante, relamiéndose de gusto, el zorro con el hocico ras con ras y tas con tas, en la cola del tío, y a cada lado un perro gruñendo de rabia porque para eso don Simón les había prometido una buena paga.

Por ahí, después de cruzar una cañada, uno de los perros se descuidó, y antes de que el tigre se diera cuenta de lo que pasaba, el zorro, del lado que faltaba el perro, se escapó campo afuera. Entonces fue el apuro. Los perros se largaron ladrando y don Simón, de un brinco, casi se le puso a la par. Suerte que don Juan enderezó para una vizcachera y alcanzó a meterse en una cueva. Pero cuando ya se creía libre, sintió que su tío, de un zarpazo, le agarraba la cola que había quedado afuera de la cueva. El zorro ni se movió cuando el tigre empezó a tironearlo, por el contrario, se largó una carcajada.

~¡Cuaj, cuaj, cuaj! ¡Pobre mi tío!, decía, cada vez está más viejo. Ya ni ve. De ciego que está se ha prendido de un raigón creyendo que me agarró la cola. ¡Cuaj, cuaj, cuaj!...

El tigre, entonces, lo largó y cuando don Juan se sintió libre empezó a reírse con ganas, desde el fondo de la vizcachera. Don Simón bramó de rabia sin saber qué hacer y los perros, avergonzados, salieron con la cola entre las piernas de miedo al enojo de don Simón.

En eso un carancho, que venía despavorido porque lo traía picoteándolo una tijereta, se asentó en un tala. En cuanto el tigre lo vio, le dijo:

~A ver, vos, vení, haceme un favor. Parate a la puerta de esta vizcachera y en cuanto se asome mi sobrino picoteando, no me lo dejés salir, que yo voy a buscar una pala para sacarlo.

El carancho se largó al suelo y se paró como le dijo el tigre, de centinela.

Cuando don Juan vio que su tío se alejaba, empezó a cantar.

El carancho, sin dejar de vigilarlo, le dijo:

~¡Ahá! ¿Con que habías tenido buena voz para el canto?

~¡Bah!, le contestó haciéndose el humilde, ¡qué voy a ser cantor! Yo sólo canto de afición, ¡pero usted sí que canta lindo, don Cacaré!

El carancho empezó a esponjarse de puro gusto.

—¡Oh!, le dijo. ¿Y quién te ha dicho que tengo buena voz?

—La fama, mi amigo, la fama.

Y enseguida agregó:

—¡Qué no daría por escucharte!

El carancho, que no cabía en el cuerpo al verse ponderar como cantor, por primera vez en su vida, se preparó para entonar una canción; pero en cuanto abrió el pico, don Juan, que ya estaba en la puerta de la vizcachera, le tiró un puñado de tierra que lo ahogó y lo cegó por completo. Entonces el zorro bandido, aprovechando la confusión se escabulló mientras el carancho se refregaba la cabeza entre las plumas del ala para quitarse la tierra de los ojos.

JUEGOTECA

RECURSOS MATERIALES:
todo tipo de material de juego que responda a los criterios establecidos.

RECURSOS HUMANOS:
deseos de participar en un proyecto común.

PARA QUE:
participar en un proyecto común mediante la elaboración, toma de decisiones y ejecución.

PROPUESTA:

PRIMERA INSTANCIA

• Los maestros de la escuela en común acuerdo con la dirección promoverán la elección de dos delegados por curso.

• Los delegados informarán al resto de su curso:

a) qué es una juegoteca

b) los distintos tipos de juegos que pueden existir

c) criterios a tener en cuenta desde el material lúdico

• Criterios para seleccionar el tipo de material lúdico:

-los juegos deben ser participativos-creativos.

-estar orientados al desarrollo de problemáticas en torno a lo ético y a la inserción en la vida democrática.

• En cada curso se votará:

-cómo se organizará el préstamo de juegos.

-personas que se encargarán de organizarla (delegados).

-tiempo que se prestarán.

SEGUNDA INSTANCIA

a) En cada curso, ayudados por el maestro, dedicarán tiempo para armar juegos.

b) Se tendrá en cuenta que en un juego se debe considerar:

-nombre del juego

-cantidad de integrantes

-material

-toda propuesta tiene apertura, desarrollo y cierre

-al ser juegos que promueven el discernir en torno a los valores y principios democráticos se ponderará el desarrollo de la creatividad por medio de los mismos.

TERCERA INSTANCIA

1. Los maestros con los alumnos tomarán juegos de realización diaria y buscarán la manera de transformarlos en función de los objetivos fijados.

2. Dichos juegos serán incluidos en la JUEGOTECA.

NOTA: todos aquellos que quieran podrán aportar juegos siempre y cuando sigan los criterios establecidos en la asamblea de niños.

NUESTRA REFLEXION . . . .

Hablamos de la necesidad de participar y aquí proponemos niveles de participación para llevarla a la práctica:

-intercambio de opiniones

-consenso

-toma de decisiones

-ejecución de las acciones

-evaluación

Las reglas de los juegos se basan en principios éticos y el respeto por ellas, si bien pueden parecer límites son también posibilidades para regular lo que se puede o no hacer.

La juegoteca tiene como finalidad suministrar situaciones lúdicas donde cada material pueda ser utilizado para movilizar uno o varios juegos desde sus posibles combinaciones.

El hecho de que los niños formen parte de asambleas, ejercita en la confrontación de razones y fundamentos desde lo democrático.

Las reglas más respetadas son las acordadas
con los pares.

Querido lector:

*Son mis deseos que
al ir leyendo estas páginas
te hayas entusiasmado
en el ejercicio de la vida;
para que niños, adolescentes y jóvenes
puedan disfrutar valorando
el hecho de haber nacido.*

Susana Gamboa de Vitelleschi

¡Qué suerte he tenido de nacer!

¡Qué suerte he tenido de nacer!
para estrechar la mano del amigo
y poder asistir como testigo
al milagro de cada amanecer.

¡Qué suerte he tenido de nacer!
para tener la opción de la balanza
sopesar la derrota y la esperanza
con la gloria y el miedo de caer.

¡Qué suerte he tenido de nacer!
para entender que el honesto y el perverso
son dueños por igual del universo
aunque tengan distinto parecer.

¡Qué suerte he tenido de nacer!
para callar ante el que sabe
aprender a escuchar: esa es la clave
si se tiene intenciones de saber.

¡Qué suerte he tenido de nacer!
y lo digo sin falsos triunfalismos:
la victoria total, la de uno mismo
se concreta en el ser y en el no ser.

¡Qué suerte he tenido de nacer!
para contarle a la gente y a la rosa
y al perro y al amor y a cualquier cosa
que pueda el sentimiento recoger
para tener acceso a la fortuna
de ser río en lugar de ser laguna
de ser lluvia en lugar de ver llover.

¡Qué suerte he tenido de nacer!
pero sé, bien que sé
que algún día también me moriré.
Que ahora vivo contento con mi suerte
sabe Dios qué pensaré cuando mi muerte
cuál será, en mi agonía, mi balance
nunca estuve en ese trance...
Pero sé, bien que sé,
que en mi viaje final escucharé
el ambiguo tañir de las campanas
saludando mi adiós y otra mañana
y otra voz como yo, con otro acento
cantará a los cuatro vientos:
¡Qué suerte he tenido de nacer!

NOMBRE DEL JUEGO	EDAD A PARTIR DE	CONTENIDO	PARA QUÉ
Acordar	6 años	Norma y organización de los grupos.	Educar para el logro de capacidades, reflexiones y autorreflexiones en torno a las propias normas.
Los gansos saben volar en grupo	9 años	Buen funcionamiento de los grupos: validez y respeto de las normas.	Autoevaluarse y evaluar en forma responsable y creativa en relación al grupo de pertenencia.
¡Qué dilema!	10 años	El respeto a los demás como ejercicio de equidad.	Pensar argumentando para asumir la propia responsabilidad.
Argumentos válidos	10 años	Conflictos y obstáculos a la convivencia social.	Aprender a fundamentar las decisiones tomadas con respecto a experiencias.
¿Refleja la realidad?	10 años	Identificación y reflexión de las intenciones, motivaciones y fines de las propias acciones.	Reconocer la importancia de obrar en consecuencia con los valores fundamentales.

NOMBRE DEL JUEGO	EDAD A PARTIR DE	CONTENIDO	PARA QUÉ
Nuestras convicciones	10 años	Apariencia corporal, la salud y la enfermedad, el cuidado y el riesgo.	Tomar conciencia sobre los factores que intervienen y condicionan la toma de decisiones.
Noticiero radial ¿Los seres humanos nacemos igual en dignidad y derechos?	10 años	Derecho a la no discriminación.	Identificar situaciones favorables o contrarios a los derechos humanos en la ciudad local, provincial y nacional.
Radares: agua que no has de beber	10 años	Formas de participación democrática.	Ejercer procedimientos democráticos de elección y de decisión. Reconocer y apreciar procesos para la solución de hechos en la vida.
Los niños también tienen derechos.	6 años	Diversidad cultural: necesidad de aceptar lo diverso.	Identificar situaciones contrarias o favorables a la vida del niño desde sus derechos.

NOMBRE DEL JUEGO	EDAD A PARTIR DE	CONTENIDO	PARA QUÉ
Todos somos cómplices	10 años	La democracia y su relación con los derechos y garantías.	Valoración de procedimientos democráticos de elección y decisión. Identificar situaciones favorables o contrarias.
Y vamos a las grandes pequeñas cosas.	7 años	Respeto a los demás como ejercicio de equidad y solidaridad (prejuicios).	Respetar la diversidad de valoraciones entre personas y grupos cercanos.
Una carta para responder.	10 años	Dilema: distinguir lo bueno de lo malo y distinto.	Formular alternativas originales de solución ante situaciones problemáticas diferenciando actitudes.
Yo, tú, él, nosotros.	8 años	Respeto y rechazo a sí mismo y a los demás.	Diferenciar los procesos psíquicos base de la persona y comprender los factores que intervienen en la toma de decisiones.

NOMBRE DEL JUEGO	EDAD A PARTIR DE	CONTENIDO	PARA QUÉ
La fiesta de Prímula	12 años	Costumbres de grupos cercanos.	Favorecer la relación sobre la pertinencia de las razones argumentadas a favor de una afirmación o decisión. A realizar éticamente costumbres y valores.
Quiero construir	9 años	Acciones humanas y sucesos naturales.	Formular alternativas originales de solución ante situaciones problemáticas de mayor complejidad.
Decidir	10 años	Roles posibles en la acción grupal.	Ejercitar procedimientos democráticos de elección y decisión.
Señales viales	9 años	Normas de la vida cotidiana: el tránsito.	Aprender señales viales que nos ayudan al buen tránsito, las respetamos.
¿Quién es quién?	10 años	Identidad. Pertenencia a un grupo.	Reconocimiento de la propia identidad como pertenencia a un grupo y a una historia.

NOMBRE DEL JUEGO	EDAD A PARTIR DE	CONTENIDO	PARA QUÉ
Violencia: ¿por qué?	10 años	Derechos humanos.	Identificar situaciones contrarias o favorables a los derechos humanos en la familia, comunidad local, provincial y nacional.
El avaro	10 años	Identidad y modelos sociales.	Valorar positivamente el disfrutar de la vida.
Mundo ética. Tierraética.	10 años	Derechos del niño.	Valorar e identificar cada uno de los derechos del niño
Ser libre	9 años	Búsqueda del bien común en la vida social.	Valorar la importancia de actuar de acuerdo a los valores fundamentales: la vida, la verdad, el bien, la paz, la justicia, la tolerancia y la libertad.
Pro y contra	10 años	Bien común.	Valorizar la búsqueda del bien común en la vida social.

NOMBRE DEL JUEGO	EDAD A PARTIR DE	CONTENIDO	PARA QUÉ
Animaleando	10 años	Aceptación de lo distinto.	Poner en juego la creatividad individual y grupal.
Identidad imaginada	13 años	Diversidad cultural.	Reconocer la pertenencia de distintos grupos y su historia.
¡Qué raro!	10 años	Discriminar, excluyendo.	Experimentar lo que significa ser excluido de un grupo.
¿Quién es Caperucita Roja?	7 años otra instancia 10 años	Conflictos: todos tenemos derecho a ser respetados.	. Distinguir puntos de vista en torno a una realidad. . Distinguir opiniones fundadas en la realidad y en prejuicios.
Juicio a Don Juan el Zorro	10 años	Argumentación en el diálogo.	Exponer argumentos utilizando estrategias como causalidad, consecuencia, organización inductiva y deductiva, introducción del ejemplo, papel de la autoridad.

NOMBRE DEL JUEGO	EDAD A PARTIR DE	CONTENIDO	PARA QUÉ
Juegoteca	Todas las edades según su posibilidad	Proyecto común: elaboración, toma de decisiones, ejecución y evaluación.	Evaluar los diversos niveles de participación desde proceso investigación-acción.

INDICE

Amigo lector 5

I - ESTE LIBRO LO HE PENSADO PARA...

Para lectores autogestionadores 10
Este libro ¿Por qué? 12
Sembrando esperanza 16
La vida cotidiana 19
El hombre dietético 22
Los ciudadanos burbuja 23
Ultramodernos úteros tecnológicos 25
Más vale pájaro en mano 28
¿Hay valores? ¿Etica? 30
Por lo menos dos minutos de risa diaria 34

II - JUEGOS Y DINAMICAS

Reclama el niño 37
El juego como medio de comunicación 39
Acordar 41
Los gansos deben volar en grupo 44
¡Qué dilema! 49
Niña 53
Argumentos válidos 55

¿Refleja la realidad?	58
Nuestras convicciones	62
La vida	67
Noticiero radial: ¿Los seres humanos nacemos iguales en dignidad y derechos?	69
Radares: agua que no has de beber	72
Los niños también tienen derechos	82
Todos somos cómplices	84
Todos deberíamos saber: "Las cosas del comer"	93
Y vamos a las grandes pequeñas cosas	97
Una carta para responder	100
¿Yo? ¿Tú? ¿El? ¿Nosotros?	104
Prendas humanizadoras	107
La escuela termina aburriendo a los chicos	108
La fiesta de Prímula	110
Vuelve a empezar	121
Quiero construir	123
Decidir	125
Señales viales	131
¿Quién es quién?	135
Sobre el tema de la inseguridad…	137
Violencia ¿por qué?	138
El avaro	140
Mundoética - Tierraética	143
Ser libre	149
En la historia de la humanidad	152

Pro y contra	154
Animaleando	157
Identidad imaginada	160
¡Qué raro!	162
¿Quién es Caperucita Roja?	165
Juicio a Don Juan el Zorro	168
Juegoteca	190
Querido lector	193
¡Qué suerte he tenido de nacer!	194
Guía indicativa de juegos y posibilidades.	197

www.ingramcontent.com/pod-product-compliance
Lightning Source LLC
LaVergne TN
LVHW021815060526
838201LV00058B/3403